北京医学教育协会医疗纠纷协调中心

化解医疗纠纷的最佳途径

名誉主编　邓小虹

主　　编　周东海　袁申元

编者　（按姓氏笔画排序）

刘小雨　刘丽光　刘忠华　刘鄂生
苏长保　周东海　郑超强　赵红梅
祝学光　胡文中　胡仪吉　袁申元
盖文丽　黄捷英　魏　立

中国协和医科大学出版社

图书在版编目（CIP）数据

化解医疗纠纷的最佳途径 / 周东海，袁申元主编．—北京：中国协和医科大学出版社，2007.4

ISBN 978 - 7 - 81072 - 906 - 2

Ⅰ．化…　Ⅱ．①周…②袁…　Ⅲ．医疗事故 - 民事纠纷 - 研究 - 中国
Ⅳ．D922.164

中国版本图书馆 CIP 数据核字（2007）第 048133 号

化解医疗纠纷的最佳途径

主　　编：周东海　袁申元
责任编辑：吴　磊　曹　煜

出版发行：中国协和医科大学出版社
（北京东单三条九号　邮编 100730　电话 65260387）
网　　址：www.pumcp.com
经　　销：新华书店总店北京发行所
印　　刷：北京丽源印刷厂

开　　本：787×1092 毫米　1/16 开
印　　张：16
字　　数：200 千字
版　　次：2007 年 5 月第一版　2007 年 5 月第一次印刷
印　　数：1—20000
定　　价：25.00 元

ISBN 978 - 7 - 81072 - 906 - 2/R·899

序

北京医学教育协会医疗纠纷协调中心组织该中心的10余名专家编写的《化解医疗纠纷的最佳途径》正式出版了。这本由临床专家、教育管理与医疗管理专家、医疗保险及律师等专业人士共同编写的，以弘扬人文精神，防范医疗纠纷为主题的书，是一个颇为有益的尝试，也是首创。

和谐的医患关系是和谐社会的重要组成部分。目前，医患关系紧张，患者对医生的信任度低，医疗纠纷频发已是有目共睹的社会现实。这样的状况使医患双方都受到伤害，患方抱怨医院提供的医疗服务不满意，对治疗效果未达到自己的期望值不满意；医方则对医疗环境不满意，认为医疗职业的高风险性得不到病人的理解，自己的合法权益得不到应有的维护，甚至可能遭受人身伤害。在这种氛围下，“病人只要有百分之一的救治希望，医生就要尽百分之百的努力”，这种传统的职业精神，往往自觉不自觉地被打了折扣。医生自然要问，如果自己尽了最大的努力仍未能达到预期的结果，甚至引发了其他问题，患方能理解吗？患方能真正与医方共同承担客观存在的医疗风险吗？当医方无奈地选择了“保守”、“稳妥”的处置之后，实质上受损的是患者的利益。因而，整顿、改善医疗环境，和谐医患关系就成为需要政府有关部门共同下大力气解决的一个重要的民生问题。

为了探索解决这一问题的途径，北京市自2005年以来推行了医疗责任保险，在全国率先进行了在全市医疗系统内实行医疗责任保险，建立医疗风险社会分担和由第三方介入化解医疗纠纷机制的试点，实践取得了积极效果。北京医学教育协会医疗纠纷协调中心作为第三方调解医疗纠纷的专门机构，不仅认真进行了400余例医疗纠纷案例的调解，而且在对纠纷案例鉴定分析的过程中注意分析医疗纠纷、医疗事故、医疗过失产生的原因，总结应吸取的教训及防范措施，并且以宣讲的方式，向医院反馈，以引起同行的重视和思考。他们所形成的十余个讲课专题以及在此基础上编成的这本书是有针对性的、实用的。

卫生部确定，今年医院管理年活动，要深化和扩展“以病人为中心”的服务理念，在继续提高医疗服务质量的同时，把整顿和改善医疗执业环境，和谐医患关系作为重点。本书的指导思想和内容，正是符合了这一要求。本书的编写者多是资深专家，他们在各自的临床专业中颇有建树。在几十年的临床生涯中，他们深深体验了医患关系对实现医学目的和医师职责的重要性，深为当前的医患关系失和和医师内心的困扰而忧思。他们愿为弘扬人文精神，提高医疗质量，和谐医患关系，防范医疗纠纷贡献所能，彰显出他们强烈的事业心和高度的责任感，是令人敬佩的。

我愿向广大医务人员和医院管理者推荐这本书，希望它为提高医疗质量、提高广大群众对医疗服务的满意度、重建和谐的医患关系发挥积极的作用。

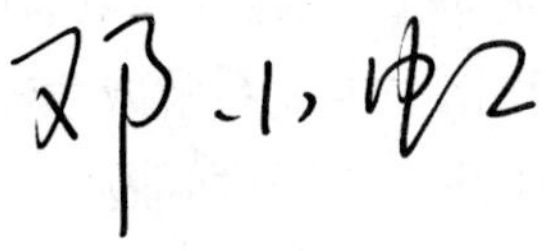

2007年4月

前　言

每个人在漫长的人生道路上，难免会患病，因此都会在不同时期要与医院发生关系。当一个人患“大病”时，他痛苦，他可能绝望，他对医院的期望值极高，盼望到医院能立刻治愈疾病。然而，医学是十分复杂的科学，盲区太多，有很多诊断和治疗的问题，目前还不能解决，供需矛盾的反差极大，使患者和家属不理解，加上缺乏沟通，容易引发医疗纠纷。这会在一定程度上不利于医学科学的发展，影响社会和谐。

我们都是党和人民培养的医师，在几十年从医实践中，医治了无数患者的病痛，也使很多人从死神手里夺回了生命。在日以继夜繁忙的医疗工作中，最令我们苦恼，也是最棘手的是遇到医疗纠纷。医疗纠纷实际可分两类，一类是医务人员违返医疗管理法律、行政法规、部门规章和诊疗护理规范、常规，造成各种医疗事故，使病人遭受痛苦，应严格按照《医疗事故处理条例》解决。一般医疗事故在全部医疗纠纷中只占20%左右，80%左右的医疗纠纷往往是医务人员对细微之处注意不足而引发的。有的是医务人员服务态度存在不足，说话伤害了患方；也有很多是医师在医疗活动中，缺乏将医疗的全过程，特别是关键点，详尽告知患方，使病者或其家属对治疗过程的各种风险不够了解。针对手术或药物治疗都可能有难以避免的并发症，怎么办？相信患者和家属都会选择坚持治疗，以求得解除病痛。但患者和家属不能只想到百分之百的成功，在知情同意书上签字的时候，应该想到有可能失败或出现严重的不良反应。只有患方与医师密切配合，相信医师，医师也尽心尽力，做好各种准备，才能使医疗风险最小化。即使遇到难以避免的并发症，医患双方也应共同承担其后果而无怨无悔。只有这样，医师才敢于千方百计地治疗并抢救患者，才有可能使病人起死回生。总之在医疗活动中，医师怀着一颗治病救人的心愿，目标是解除病人痛苦，使风险降至最低。医患双方能互信、互相尊重，可以避免绝大部分不必要的医患纠纷。

本书作者从不同学科的角度，将其有限的经验，及许多曾经在各处发生过的血的教训，展示给医学同道及广大群众，旨在阐明医学的复杂性、医疗的高风险性和防范医疗纠纷的可能性。医师是在“如临深渊、如履薄冰”的情况下，治病救人的，医师和患者都希望医疗实践尽可能完美。这需要医务人员加强人文精神的学习，提高自身“情系患者”的素质，不断提升医疗技术水平，发挥医疗团队集体的作用，对患者充分履行告知义务，尊重患方的知情权。患者及家属也应理解医疗行为的高风险性。只有医患双方共同承担难以避免的风险，共同创造条件，才能使医疗取得成功，使患者获得最大的益处。医患双方应共同防范不必要的医疗纠纷，为构建和谐社会谱写时代的新曲。

鉴于作者医学阅历有限，法律知识不足，对如何化解医疗纠纷这一新的领域涉足不深，书写中难免有误，不当之处，诚恳希望读者提出宝贵意见，以求改正。

编　者

2007 年 4 月

目　录

第一部分　第三方调解医疗纠纷

第二部分　医疗纠纷的防范

第三部分　典型医疗纠纷案例解析

附录　相关法律、法规

第一部分

第三方调解医疗纠纷

弘扬人文精神　实践医学宗旨

医乃仁术，医学的终极目的是通过预防和治疗疾病来增进人们的健康而达到使人幸福的目的。因此，医学是最能体现人文精神，实现人文关怀的事业；医师是最具爱心、最能体现人文关怀、最令世人尊敬和羡慕的职业。

然而，20世纪以来，医学发展和医师的执业状况与医学的这一目的和特征渐渐产生了距离，与世人的期望渐渐相悖，随着时间的推移和社会的变化，问题暴露愈加明显，无可避免地引起了社会的责问和医学界的反思。

一、医学传统与异化

（一）令人深思的问题

1．近些年，大部分医院，特别是大医院的医疗条件不断改善，设备不断更新，新技术不断引进，总体实力不断增强，大大提高了为患者服务的能力，对患者来说这无疑是令人企盼的福音。但让人难以面对的事实是患者对医疗服务的满意度下降，医疗纠纷频发，医师的抱怨上升，医务人员形象变差。为什么？说明决定患者对医疗服务满意度或者说患者对医疗机构的期望绝不仅仅是硬件的改善。而有些工作在基层或卫生院的医护人员，他们的技术水平与设备条件无法与大医院相比，却深受患者的欢迎和爱戴，与群众有着浓浓的亲情，这就揭示了问题的答案。

2．世界各国政府、医学家耗巨资和精力投入到心血管疾病和肿瘤的研究上，但心脑血管疾病，肿瘤发病仍呈上升趋势，仍是导致死亡的主因，也就是说现有的治疗手段及预防方法，未能有效地遏制其上升的趋势。为什么？除了对该病的认识上存在诸多疑问和尚未解决的问题之外，另一个重要原因是尚未彻底改变以对待生物因素致病的方法，对付主要以社会、心理、环境因素为主要致病因素的疾病，尚未真正以生物－心理－社会医学模式应对健康问题、实施医学服务，因而对这类疾病难以真正做到更为有效的治疗和预防。

3．误诊率 50 年基本未降。据原华西医科大学的研究，分析 1952～1987 年的 6665 例尸体解剖资料表明，临床诊断与病理诊断不符的占 31%。2001 年出版的《误诊学》（刘振华、陈晓红主编），统计显示目前的误诊率仍在 30%左右，亦即 50 年来，医学取得辉煌成就、检测手段极大丰富和完善的同时，却未能使误诊率明显降低。为什么？

著名学者杜治政教授对 4 种医学期刊中所报道的 776 例误诊病例进行分析，对误诊原因进行了归类，属于：采集病史不当者占 15%、思维方法不当者占 36%、知识经验不足者占 33%、责任心不强占者 16%。其中属于思维不当者，又包括主观臆断、思维狭隘、迷信仪器等 10 种表现。实践证明，如果医生能仔细问诊、认真查体、深入与病人交谈，适用科学的思维方法，很多误诊是可以避免的。

医学领域中反映出的这些问题，其实质是过分看重技术的作用，把寻求技术的创造和发明当作医学追求的主要目标。忽视了患病的整体的人，忽视了对人、对生命的关爱。对社会、心理、行为、环境等因素与疾病及健康的关系；对这些因素如何影响健康，如何促进健康；对其与生物因素的关系及相互作用，知之不多，知之不深，成为现代医学的软肋。有专家分析，实事上60%～80%的疾病诊断及治疗方案的形成都是依据包括采集病史在内的与病人谈话沟通的结果。

过分依赖生物医学和生物医学技术，忽视医学的社会性与患者的人文关系，导致医学功能异化的发生。需要加强人文社会医学研究，弘扬人文精神，体现医学目的与传统，以完善现代医学。

（二）医学的异化

20世纪医学的巨大变化，新技术对医师的观念、行为和医患关系产生了深刻的影响。各种现代化诊疗仪器，设备和不断涌现的治疗技术，将医师的注意力从关注患者吸引到寻找致病因子、分析偏离正常值的数据、发现细胞或分子结构和功能的变化上，而不是在患者床边聆听患者陈述和与患者交谈。诊断治疗的器械化、自动化、计算机化、信息化致使医师远离了与患者的非技术接触，淡化了情感交流。

在越来越复杂多样的检测治疗仪器和分科越来越细的专科医师面前，“患者”一词实际上被分解成为病因、病原、症状、体征、诊断、治疗等单词，患者的痛苦被转化为检验单上的数值和各类影像图片，一个整体患者逐渐在现代医学诊疗过程中被分解了。

许多医生重视疾病而忽视患者、医师更加关注躯体的问题，关注损害的器官，认为客观指征（找到病灶，发现异常）比患者主观感受更重要，忽视了医师态度和语言所具有的重要的治疗作用，忽视了患者的心理和情感。轻视其他控制疾病的手段和方法，对药物、手术、仪器、设备的过分依赖，使现代医学淡化了交谈的艺术，渐渐变成了沉默的技术。

在《剑桥医学史》中，作者作了这样的概括："……医学在20世纪已经取得了辉煌的成就，但现在对医学的失望和怀疑气氛却更浓……，欢呼已不复存在，存在的是对遗传工程和生物技术发展可能出现后果的恐惧日益增长，对医疗保健非人性化倾向的不满，对不堪重负的医疗费用和卫生资源分配不公的批评。"也是针对这个现状，Wildavsky 教授在《美国卫生杂志》上发表批评文章的题目就是《做得越好，感觉越差》（Doing better and feeling worse）。

（三）负面结果

这样的现状产生了影响广泛的负面结果：

1. 专科化分解了人的整体性、技术化忽略了人的心理、市场化漠视了人的情感。

2. 医师、患者乃至社会人群都沉浸在"依赖先进仪器设备和靠药物保障健康"的现代迷信之中。

3. 医患关系失和，诱发医疗纠纷的发生。

4. 高科技带来高利润，医学界、药厂、生物技术公司联手分享共同的喜悦。

医学人文精神在现代科学技术洪流冲刷下失去了往日的光彩，医学开始脱离人文，出现了"有医看病，无医看人"的倾向。

（四）急切的呼唤

有识之士呼唤：医学需要新的转向，需要重新认识医学目的，需要人文精神，需要解决发展高新技术与弘扬人文精神之间的矛盾，需要协调人文关怀与治疗疾病之间的关系。

医学目的是以人为本，为患病的"人"服务。医学不仅是对疾病的治疗，而且更需要对患者的关怀和照料，医学不仅只解决患者的问题，还要促进社会民众健康，医学需要介入社会、介入环境、介入对人的行为和生活方式的改造和培育。

（五）新的医学目标

由美国 Hasting 中心牵头，包括中国在内的 14 个国家共同完成的“医学目标”研究项目，科学地界定了医学目标，并于 1999 年正式公布，出版了名为《医学目标：设置新的重点》（The Goals of Medicine：Setting New Priorities）的专著。书中提出了新的医学目标：

1．预防疾病和损伤，促进和维持健康。

2．缓解疾病疼痛，减轻疾病痛苦。

3．对病患治疗和护理，对不能治愈患者的照料。

4．防止过早死亡，遵循临终关怀。

看似简单的 4 个目标包括了全面而深刻的内涵：①以人为本，预防为主和健康促进的理念；②不仅要从生理上缓解患者的疼痛，还要从精神上、心理上减轻患者的痛苦；③重视对患者的治疗和照料；④要干预不良行为，提倡健康的生活方式，以防止过早死亡。重视对临终病人的临终关怀。

新的医学目标将诊断－治疗型服务转变为预防－医疗－康复－保健型服务，体现了生物－心理－社会医学模式和对医生的知识、技能、态度、理念的全面要求。遗憾的是我国医学界对这一目标的宣传、学习、研究、实施还不深、不广、不实。

二、医患关系失和与调整

医患关系是以医疗职业为基础，以道德为核心，在医疗实践活动中产生和发展的一种特殊人际关系，也是各种医疗人际关系中最基本、最重要的人际关系。形成良好医患关系的关键是处理好医患之间权利和义务的关系，建立医患之间的互信。处理失当，则直接影响医患关系的和谐，极易导致医疗纠纷的发生。

（一）医疗纠纷状况

目前我国面临医疗纠纷的形势是比较严峻的，可以概括为：数量激增、矛盾尖锐、索赔高额、处理困难。按中华医院管理学会对五省市326所医院调查，在一年内98.5%的医院均发生过医疗纠纷，有吵闹、扰乱、打砸行为的占73%，其中35%损坏设施，20%有伤人事件。索赔额呈增高趋势，动辄几十万乃至上百万的赔偿要求屡见不鲜。受种种因素的影响和制约，往往使医疗纠纷的妥善处理难度很大。

医疗纠纷的严峻形势进一步导致医疗行业信誉下降，群众抱怨上升，医生也委屈不满，行医时顾虑重重。据中国医师协会的调查，60%医师对执业环境不满意，75%医师认为自己的合法权益得不到保障，医学已在很大程度上失去了往日的最受人尊重、最令人羡慕的地位，83%的被调查医师都不愿意自己的子女再学医。医院难办、医师难当、医院院长难干，成为普遍的心态。这样的状况对医患双方及医学发展均带来不利的影响。

建立有效的医疗纠纷协调机制，由第三方介入，协助医院和医师转移医疗风险、摆脱困境，维护医患双方合法权益，建立和谐的医患关系就显得十分必要、十分迫切。

（二）医疗纠纷原因

1．直接原因　北京医学教育协会医疗纠纷协调中心2005年鉴定医疗纠纷案例113例，2006年鉴定105例，其中医疗事故占20.35%。纠纷多发科室依次为：普通外科、骨科、妇产科、内科、儿科。按纠纷原因分，属于责任心问题的占37.17%，属于管理问题的占13.27%，属于告知问题的占27.7%，属于技术问题的占30%，属于药品器械问题的占1.4%。

一起医疗纠纷往往是多种原因造成的，其中70%属于技术以外的原因，且都不能排除管理的因素，这提示了提高医院、科室管理水平的重要性。

2．观念原因　从思想认识上、观念上医务人员普遍存在3

个方面不足：

（1）法律意识：医务人员要增强法律意识，树立依法行医的观念，遵守卫生法律、国家法规、部门规章和技术操作规范。

（2）权利意识：医师要认真思考和重视患者和医务人员的权利和义务，特别要重视患者的权利和医师的义务。受到关爱和尊重是患者自身应该享有的权利，不是医师赐予的，医师应该自觉履行义务，尊重和维护患者的权利。

（3）自我保护意识：在医疗诉讼的审判中实行举证责任倒置原则，即“因医疗行为引起的侵权诉讼，由医疗机构就医疗行为与损害后果不存在因果关系及不存在医疗过错承担举证责任”。其目的是为减少患者诉讼的困难，实际上是减轻或部分免除了患方（原告）的举证责任而加重了医方（被告）的举证责任。这一原则对医方来说是十分严峻的，因而医方必须对此有清醒的认识，必须完整、严谨地书写病历，记录病程、手术记录及化验检查结果和诊断治疗过程，认真履行告知义务及患者的知情同意程序，以避免因举证不能而陷入被动。

3．综合原因　医疗纠纷的发生往往涉及综合原因：如患者法律观念和自我维权意识的提高；医疗费用增大后患者对费用更加敏感和关注；病人医学知识不足，对医疗效果期望值过高；医方的医疗行为过失；医方的态度、语言使患者不满，甚至伤害了患者的自尊和感情等等。

4．深层原因　2005年7月，国务院发展研究中心发布的《对中国医疗卫生体制改革的评价与建议》认为：目前中国的医疗卫生体制改革基本是不成功的，主要表现为医疗服务的公平性下降和卫生投入的宏观效率低下，指出医疗卫生体制出现商业化、市场化的倾向是其中的主要原因。

医疗卫生事业与医疗卫生机构的公益性与功利性定位模糊，其公益性与医疗卫生机构的商业化、市场化运作之间发生矛盾是导致医患关系紧张的根本原因，政府卫生投入低不能使卫生机构得到必要的经费补偿，更加剧了这一矛盾。因此，要调整医患关系必须多管齐下，综合治理。

（三）加强人文关怀，提高医疗服务质量

在综合治理中，医务人员所应该而且可能做到的是对患者体现人文关怀，提高医疗服务质量，解决好以下几个问题。

1. 心理认知　从医方来说首先要克服影响建立和谐的医患关系的几个心理障碍。

（1）恩赐心理：医方与患者是平等的关系，医方是为患者提供服务的，医方不能把自己当成“救世主”而居高临下对待患者。尊重、关爱患者是医师的义务，不是对患者的恩赐。

（2）权威心理：虽然就对医学信息的占有和掌握医学知识、技能方面而言，医师是强者，但面对患者也不能“家长作风”，一切自己说了算，要尊重患者的知情同意权，要认真履行自己的告知义务。

（3）片面需要心理：医方需牢固树立患者利益第一，一切为了患者的生命和健康的理念，不应单纯为了积累病例、取得资料、开展研究乃至个人私利等自身需要而加重患者负担，损害患者利益。

2. 语言行为　医疗语言是十分重要的，语言态度是医疗的重要组成部分，它可以直接影响患者的情绪、心理，直接影响患者对自己疾病及其转归的理解判断，甚至直接影响患者对治疗和康复的信心。例如有的患者当得知对于自己所患的病，目前80%治疗方法都不能取得满意的疗效时，十分失望和沮丧，而医师却说，“你的病能有20%取得满意疗效的希望，你要和我们好好配合一定不能放弃，我们会全力以赴争取最好的疗效。”于是患者转变了情绪，满怀希望和信心，积极配合治疗。当护士给患者打针时轻轻的一句话“可能让您疼一下”，患者听后即使真的痛了也能够忍住，一般也不再会批评、抱怨护士。当然，由于语言失当给患者造成医源性痛苦，令患者失望的也不乏其例。

医护人员应对患者使用礼貌性语言、解释性语言、安慰性语言、保护性语言，而应避免失礼语言、失口语言、失职语言，冷落、顶撞患者，特别应该避免因语言失当对患者造成恶性刺激。

语言行为构成医疗人文环境、承载医学人文关怀、是以人为本医疗服务的直接体现，也是医务人员个人素养的反映。

3．角色转换　人文知识、理论内涵丰富，包含哲学、文学、史学、美学、法学、心理学、伦理学、社会学、人际沟通……。学习人文知识可以塑造人文精神，但人文知识不等于就是人文精神，也不是说只有学习了人文知识之后，才能具备人文精神。

实际上要体现人文精神关爱病人并非很难，面对患者，只要你想到“如果我是患者”，“如果是给我做手术”，“如果患者是我的家人，是我的……”，也就是医务人员只要转换角色换位思考，立刻就能找到感觉，就会增强对患者的关爱之情，就能对自己的语言、态度、行为有恰当的把握。在人际交往中，角色转换、换位思考，往往是更好达到相互理解、信任的关键环节。

《论语·卫灵公》以这样的叙述记载了子贡和老师孔子的对话：“子贡问曰：有一言而可以终身行之者乎？子曰：其恕乎！己所不欲，勿施与人。”即自己所不喜欢的事情也不要强加于别人，在医疗过程中，如果我们能做到“医所不欲，勿施于患者”，“医欲立而立患者，医欲达而达患者”，并以此作为行医实践的终身信条，则我们的医疗质量和服务态度一定会有很大改善，患者的满意度必定会不断提高。

4．服务模式　实现生物－心理－社会医学模式，多年来一直是提高医学服务质量追求的目标。为适应人们健康理念的变化及卫生服务需求的不断提高，1977 年，美国精神病学和内科学教授恩格尔（G．L Engel）呼吁："需要创立一种超越生物医学模式的新模式"。他明确指出了生物医学模式的缺陷："这种模式认为疾病完全可以用偏离正常的可测量的生物（躯体）变量来说明。在它的框架内没有给病患的社会、心理和行为方面留下余地。"强调对患者的人文关怀，正是生物－心理－社会医学模式的重要体现。

多年来，医疗卫生机构特别是大医院，硬件水平有了明显改善，以现在的设备条件、人才力量和技术水平，只要在尊重患者，关爱患者，方便患者方面努力改进，更好地体现人文关怀，那么患者对医院、对医疗服务的满意度一定会大大提高，医患纠纷也会大大减少。一位本人是医师的患者，永远铭记他的那次就医经历：由于腹内疾患，他在另一所医院接受外科主任为他实行的手术，开腹后因情况比预想的复杂，而使手术时间延长了，当术后主任去查房时，见到患者的第一句话就是："让你受苦了"。听到这话，患者的感动真是无以言表，"老主任在手术台上站了几个小时，那么辛苦，下来后却向我问候"。回首此事，他感动得满眼噙泪。如果这位老主任的精神和态度能成为医师们的普遍表现，医患关系又会是怎样的呢？

美国卫生机构资格认证联合会提出了现代医疗质量的概念：现代医疗质量是指在现有医学知识和技术的基础上，医疗卫生服务可以提高满意度结果可能性的程度，同时也是降低不满意结果可能性的程度，是社会对医院服务功能满意度的评价。

三、人文精神与合格医师

（一）人文精神

对什么是人文精神表述不同，目前尚无文字上严格一致的界定，但是人们有共识。人文精神其核心价值就是关怀人，尊重人，尊重人的权利，认为：人是世间一切的根本，一切应以人为中心；人的生命应当受到关爱和保护；人的情感和理想应该得到尊重；人的权利应该得到保障和实施。

（二）医学人文的流失

医学本是最具有人文精神的职业，但自上个世纪以来，医学的人文精神却逐渐淡化了。

1．外在因素　19世纪以来，特别是20世纪以后，科学和技术的功能不断扩大，在社会文明中发挥着巨大作用，改变着社会的进程。在医学领域，X线的引入、抗生素的发现和DNA结构的确定，使医学技术特别是诊疗技术达到了新的高度。

随着科学发展和技术进步，医疗技术在医学实践中所占的比例呈现越来越强的优势，人们记忆中的医学成就大都是医学技术进步所带来的。人文在医学中逐渐被人们轻视、淡忘，医学渐变为好像是以技术为主导的科学门类了。

2．内在因素　医学不仅是一门科学，还是一项社会事业，它所追求的是人的健康。追求这一目的是医学的职业职责和内在的道德要求，医学本身的人文特点，是医学最本质的特征，而医学的知识和技能只能是实践这一目的的有力手段。

但是多年来，教育部门和卫生部门对此观念强化的力度不够，未能深入地贯彻于教育实施过程之中，而已有的人文学科教育内容和教学安排也是脱离实际的说教式、概念式、学科式教育，对于受教育者难以产生入心，入脑的效果，更难以内化为职业道德要素。

在医疗管理的决策和实施中，将医疗指标和任务的完成与经济利益直接挂钩，以经济效益为衡量标准的导向，这就使医学的社会事业性质、医学的社会目的和价值被淡化了，走样了。

（三）医学发展的主旋律

科学精神与人文精神是人类文化中最宝贵的两种精神。科学精神是人类在追求真理，探索未知的过程中创造的，决定人的世界观、方法论。人文精神是人类对自身的认识，在对自身发展，自身完善和自身需要的认识过程中形成的，决定人的人生观、价值观。

医学是要以客观事实为依据，并支持理性的怀疑，而医学的客观事实总是体现在人体（患者）身上，所以医学的科学研究与医疗实践必须关注患者，必须倾注对患者的关爱，维护患者的尊严，谋求患者的利益。

医学人文精神集中体现于对患者的人文关怀，医学最应该也最能够实现科学精神与人文精神的结合，医学应该成为科学精神和人文精神统一的典范。

（四）医生标准

国际医学教育界对医师标准的研究十分重视，不断明确地、有针对性地提出对医师的要求和所应达到的标准，以适应21世纪医疗卫生服务的需要。

1. 1988年召开的世界医学教育会议提出："医学教育的目的是培养促进全体人民健康的医师，尽管本世纪中生物医学已取得了巨大的进步，但是这个目的在许多地方并没有得到实现。"

"患者理应指望把医生培养成为一个耐心的倾听者、仔细的观察者、敏锐的交谈者和有效的临床医师，而不再满足于仅仅治疗某些疾病。"

"必须学会专心倾听患者，用训练有素的眼光去观察他们，以及学会怎样更好地与患者、家属和其他卫生工作者交谈。"

倾听、观察、交谈的态度和技能应该是医师的基本功，是患者对医师衷心的企盼和起码的要求，而当前很多医师却恰恰没有做到或没有做好。

2. 1993年召开的世界医学教育高峰会议提出"医学的本质是其伦理性，医学要努力做到尽善尽美，不对患者和公众造成伤害。"

"医师不需要成为超人，但他们应该不断地努力工作，以富有同情心的、高尚医德的态度增进健康、治疗疾病、恢复残疾。”

会议尖锐地指出了医学发展中出现的问题：

“医师作为健康的守护神和患者伴侣的崇高形象，正在人们的心目中消失。”

“医学的商业化倾向背离了以治病救人为宗旨的医学的传统基本任务。”

会议提出的问题，恰恰在我国也表现得十分突出，会议向各国发出号召：“必须为21世纪重新设计和培养医师”。会议的号召使问题回到了起点，即需要明确21世纪的医师所应具有的知识、技能、态度和价值观。

3．2002年，国际医学教育专门委员会及各国医学教育专家合作研究医学教育所应达到的标准，提出了《全球医学教育最低基本要求》，实际上是明确了医师的培养目标。

“在制定所有医师必须具备的基本能力时，必须更多地强调对敬业精神、社会科学、卫生经济、信息管理和卫生保健系统等方面的要求，同时还要考虑世界不同地区的社会和文化特征”。

医学生能力“最低基本要求”的7个领域是：①职业价值观、态度、行为和伦理；②医学科学基础知识；③沟通技能；④临床技能；⑤群体健康和卫生系统；⑥信息管理；⑦批判性思维和研究。

在这7个领域中，分别提出了具体的目标和要求，着重强调的是医学工作者应具备的人文素质，专业素质和社会适应能力。

4．在20世纪90年代世界卫生组织（WHO）正式提出了要培养“五星级医师”的要求，即现代医师应该是：健康提供者、医疗决策者、心理交流者、社区领导者、组织管理者。

这是从医学功能的角度提出了医生的社会职责和要求，当然，全面实现这一要求并非易事，既需要一定的机会也需要相当的过程，但有一点是十分明确的，即要实现一个现代医生的职责和使命，仅仅具有狭隘理解的“医术”是远远不够的。

5．2006年中国医师协会启动了“医师人文医学培训工程”，计划对全国200万名执业医师轮训补课，用人文情怀塑造医师精神，培训目的是使广大医师：①了解医师职业精神的普通原则和核心价值；②学习和谐的沟通技巧；③掌握以患者为中心的沟通方法；④提高职业素养；⑤增强人文医学执业技能。

这是一项浩大而又意义深远的培训工程，如果顺利实施，必将从根本上提高我国医师队伍的人文素养和精神风貌，为患者带来的是更好的医学服务。

综上所述，富有人文精神，善于人文关怀，具有良好的价值观、态度和行为准则，是体现以人为本、实行全人性化服务的道德伦理基础，是对未来合格医师标准的突出要求。

医学作为一门独立的学科包含了基础医学、临床医学、人文医学、生物医药工程四个部分，本身既包含自然科学又包含社会科学。

科学精神能保证人文精神得到更完善的实现，人文精神则能保证科学精神的正确指向，两者结合是医学科学和医学服务不断发展提高的保障，也是医学教育改革与发展应该遵循的基本方向。

因此，弘扬医学人文精神，提倡医学人文关怀，是21世纪医学发展的主旋律，它不仅是对医师的要求，也是对整个卫生保健服务的期望。我国著名医学家，医学教育家吴阶平院士2006年6月为人文医学培训工程作了“树医德正气，做人文医师”的题词。题词深刻地体现了医学前辈和广大民众对我国卫生事业发展和医师队伍建设的殷切期望和要求。做人文医师应该成为每个医师的共同目标。

（周东海）

医疗纠纷调解

——有效的第三方

一、医疗行业是一门具有高风险性质的行业

（一）医学在发展的过程一直伴随着风险

自有人类历史以来，人类在与自然界斗争过程中，经常发生伤害和病痛。医学是在人类社会发展的过程中逐渐形成的，随着人类文明的发展，预防、诊疗疾病的水平才逐步提高。

医疗也常伴有风险，历史上很早就有记载。

1．医疗风险　中国从原始社会向氏族社会过渡期间，人们患病后，常采集花草树叶来治病，有许多人中毒和死亡。《淮南子·修务训》记载："神农尝百草之滋味，一日而遇七十毒"。神农氏亲身冒险实践为民治病，使人们避免以后误食中毒。

2．医疗失误　《左传》记有：景王二十二年（公元前527

年），许悼公患疟疾，服太子止的药后，未治愈，反而中毒身亡。这是中国历史上较早记载由于用药不慎造成死亡的案例。

3．防止医疗用药失误　《神农本草经》载有药物365种，并总结了药物使用配伍和禁忌规律。用药配伍得当，可达到预期疗效而避免失误。

明代李时珍编著的《本草纲目》是16世纪前中药的大总结，资料丰富、图文并茂，还纠正了以往的错误，对药物用法也做了详细介绍，还包括“服药食忌”、“妊娠禁忌”、“饮食禁忌”。清代凌奂在《本草害利》中，指出治病用药对患者既有害也有利。他把“害”放在前，是警告医者治疗时用药要慎重，以防用药不当引起对患者的伤害。

4．清代喻嘉言在《医门法律·卷一》中，将医者在诊疗中易犯的错误归纳为“法律”，使医者引以为戒，从而防止医疗的失误。

在巴比伦王国，国王制定的法规中，有对医师奖惩的条款：如将地位高的患者治死或致眼瞎，医师将被砍掉双手；如将一个平民家的奴隶治死，医师要赔偿一个奴隶；如将奴隶眼睛弄瞎，医师要付出奴隶身价一半的银子。这些处罚对医师很残酷，但对医师的治疗态度有很大的警示作用。

（二）我国医疗卫生服务事业尚需进一步完善和发展

当今在医学领域里出现了很多高新技术，并取得了很多成果，国家对医疗卫生事业越来越重视，经费投入不断加大，各公立医院都有不同程度的扩大，先进仪器、设备有了明显的增加，高学历的医务人员也越来越多，但是这些增长还远远满足不了人民群众对医疗和健康的需求，看病难、看病贵的现象仍然较为普遍。人们对医疗服务的满意度下降，医患关系紧张，医疗纠纷严重。

上述现象产生的原因是多方面的：有国家经济实力和对卫生经济投入不足的问题；有现有卫生资源分配不合理的问题；

有患者及其家属对医疗期望值过高和对医疗风险认识不足的问题；有医务人员技术问题和人性化服务的态度问题；有医院组织管理的问题和受经济利益驱动的问题；有国家卫生政策和卫生法律、法规尚不完善的问题。

以上诸多问题的解决尚需一个过程，在国家的统一领导下，通过全体医务工作者的共同努力，医疗卫生的大环境将会得到改善，医疗纠纷将会减少，防范医疗纠纷和医疗风险的能力将会加强，人民群众对医疗服务的满意度也将会逐步提高。

（三）未来，人民将享有更好的医疗保健服务，但医疗风险仍然存在

今后，随着国家对医疗卫生事业经费投入的增加，人民医疗卫生事业将会得到更大的发展。随着高新科学技术例如基因诊断与治疗技术、克隆技术、人工器官再造和生殖技术等的发展，更多的人将会受益，过去很多不能治疗的疾病将能得以治愈，不能预防的疾病，将能得到预防和控制。但是新的技术也给我们带来了生命伦理学问题和新的医疗风险问题。例如整形外科的换脸及变性手术，患者个人及医师风险都很大，一旦达不到患者的满意度或出了问题，是不可能“变来换去”的。

在医学上，还有许许多多的问题需要我们去研究和解决，如肿瘤发病的机制和治疗、艾滋病的治疗问题、一些新发现的疾病问题。因此，未来的医学科学技术虽然更加先进了，但医疗的风险还会存在。

既然医疗总是伴有风险，那有什么办法来解决呢？国际上很多发达国家做了许多防范风险的研究工作，取得了一定的效果，如由医生投医疗保险。针对我国目前的实际情况，提高医务人员的人文精神素质和医院与医务人员共投医疗责任保险是解决医疗纠纷最佳的方案。

二、医疗风险转移的有效机制——医疗责任保险与医疗纠纷调解

北京医学教育协会与太平保险公司北京分公司共同组建了“北京医学教育协会医疗纠纷协调中心”（以下简称“协调中心”）。太平保险公司主要负责医院的投保、医疗纠纷立案、理赔及资料归档工作。协调中心主要负责医疗纠纷案例的鉴定、与医患双方协调、宣教培训及科学研究等工作。

医院投医疗责任保险后，一旦发生医疗纠纷，可由医疗纠纷协调中心进行医院外调解。

三、医疗纠纷的协调

医疗纠纷协调中心作为处理医疗纠纷的专业性社会团体，其工作宗旨是在处理医疗纠纷过程中成为受欢迎的“中间人”、“第三方”。因为每一例纠纷的解决都涉及到医患双方的权益，可谓“一手托两家”。通过几年来的努力探索，现协调中心的调解工作已经逐渐被大家认同和接受。

（一）队伍建设

1．协调员

（1）专业化队伍的建立是保证调解工作的质量和做好调解工作的前提：协调工作的质量与协调员的工作能力密切相关，协调员除具备医学背景外，还要懂得相关的法律知识，尤其对《医疗事故处理条件》的内容要全面掌握，对于保险条款及医院各项管理制度要有深入的了解。不断地学习和参加培训，保证了调解员有较强的业务素质，从而也增强了大家做好工作的信心。

（2）深入调查，认真听取医患双方意见，掌握第一手材料是做好调解工作的关键：要使协调工作做到“公开、公平、公正”，掌握纠纷的第一手材料至关重要。认真分析讨论，才能辨是非，明曲直。协调员不但要认真听取患者及家属的意见，还要认真听取医疗机构的意见，在弄清事实的基础上，以医学鉴定结论为科学依据进行调解。

（3）晓之以理，动之以情，耐心说服，是做好调解工作的有效方法：协调工作不仅仅是一个简单的解决赔偿问题的过程，而且是在医与法的碰撞中使医患双方知法、懂法，通过法律的途径，按照法律的标准解决问题。协调员要具备足够的爱心、耐心，取得对方的信任，得到对方的认可，成为“患方的理解者、情绪的安抚者、情感的沟通者、爱心的给予者、耐心的倾听者、法律的宣传者”。较强的沟通能力和调解技巧是每个协调员应具备的基本素质。

(4) 主动、及时与院方及相关部门沟通，是调解工作中不可缺少的必要环节：医疗纠纷的解决是一个复杂的社会问题，需要医疗机构、协调中心和司法部门及主管行政部门的相互配合，使协调中心真正成为“院方的减压者”。

自2003年以来，协调中心成功地化解了400多起纠纷，其工作越来越受到患者及家属的认可，从而缓解和减轻了医疗机构的压力，净化了医疗环境，并且协调中心依法调解，严格掌握赔偿标准，使得承保区域内通过协调中心协调的案件明显增多，防止了国有资产的流失，使医疗纠纷解决逐渐走上了规范化的轨道。

(5) 协调员应当起到消防员、减压员、宣传员和信息员的作用。

1) 爱心沟通，当好“消防员”：每当患者与医院发生争议，闹得不可开交时，医院常常通知协调员在第一时间到场，调解工作者首先是消防员——“灭火”。这种场面往往是家属或患者情绪非常激动、气愤，一来即是几人甚至十几人，这时调解员要耐心细致地劝导，用爱心、同情心予以沟通，换位思考，接近距离，起到“灭火”作用，降低火气，给予同情温暖，晓之以理，动之以情，让患方相信协调员，变怀疑为信任，变激动为冷静，分离开医患双方，使患方能够坐下来平心静气地与协调员交谈，说出他们的心里话，为调解纠纷迈出第一步。

例 1，患者，女，27 岁，因剖宫产后伤口右侧有硬节，为促进愈合，医师给予烤电理疗，由于灯坏不能自动关闭，而导致部分皮肤Ⅲ度烧伤，面积 3cm×3cm，3 个月不能愈合。患者痛苦极大。其家属来了七八位与医务处大闹了 3 次，影响了医疗环境。协调员接案后通过 20 多次反复耐心细致的沟通，制止了闹事，妥善解决出院。妇产科如释重负。

2）调解员工作巧入手，当好医院减压员：医患纠纷发生后，无论事情大小，性质如何，患者与家属的心情是可以理解的。但是当与院方多次商谈没有结果时，家属频繁来闹，天天来找，就会压得医务处人员喘不过气来，影响医院正常的工作秩序。协调员会及时与家属沟通，讲清协调中心的职责、义务、工作程序，耐心倾听他们的意见，尊重他们，把他们引导到工作站来调解。协调员还会经常主动上门看望患者。这些会使患者感动，用他们的话说："一颗冰冻的心终于见到太阳了"，"有说理的地方了"。协调员细致的工作提高了他们的可信度，同时为医院减小了压力，达到把纠纷移到院外的解决目的，给医务处一个正常的工作环境，所以调解员又是减压员。

例 2，患者，女，42 岁，子宫切除手术后 3 小时，因大出血死亡，家属要求医院高额赔偿。医院从来没有出过这种大事，感到压力很大，既不想让家属起诉，又不想做专业鉴定，更怕家属到医院闹事。协调员接到通知后，在第一时间赶到现场，对家属耐心、细致地讲政策，用爱心劝慰，约他们到工作站来谈，劝其尸检，得到了家属的信任。最终患者家属同意尸检。其间，患者家属没有到医院闹过，一直在工作站协调。医院对协调员的做法很满意，最后按政策给予了赔偿。协调员与医院之间有信息及时反馈、沟通、配合默契，对医院起到了减压的作用。

3）"条例"政策反复讲，做好政策宣传员：协调员应熟悉掌握《医疗事故处理条例》（下简称"条例"）政策与相关的法律知识，依据“条例”讲清赔款依据、项目、数额。尤其是在意外死亡患者家属要求赔偿数额巨大，甚至说出杀死大夫抵命的话的情况下，协调员宣传政策这一环节是赔款的关键。协调员反复细致地讲解、分析条款，告知可执行的政策与依据，并强调医疗行业的特殊性、风险性、患者原发病的客观性，使患者家属感到协调员是尊重事实，依据法律，定性准确，责任明确、处理恰当的。通过多次沟通、协商，使患者及其家属逐步了解政策、理解政策，与医方达成共识，妥善解决纠纷，使他们感觉到来协调中心解决医疗纠纷是省时、省力、省钱、符合政策的。

例3，患者，男，40岁，结核性脑膜炎，曾因用链霉素导致双耳听力下降，患者也向医方反映此情况，但医院仍继续使用，未及时停药，导致听力丧失，违反了《中华人民共和国药典》中使用链霉素的注意事项。患者的右眼亦因结核性脑膜炎造成颅压高致盲。患者家属提出，患者上有83岁婆母，下有9岁的孩子要抚养，且无工作，要求医院高额赔偿，其表兄弟数人来医院闹，称如医院不同意给他们赔款，就把患者弄到医院不管了，由医院养着。医疗鉴定结果为：患者在原有听力下降基础上的听力损害加重，与用药有一定因果关系，属严重器官功能障碍，构成二级丁等医疗事故，由于患者结核性脑膜炎，病情严重，使用链霉素治疗前听力损害已经存在，故医方在过失行为中起次要作用。

经分析情况，协调员反复向患者及其家属讲述结核性脑膜炎原发病的严重性，使其理解医师是为了挽救患者的生命而用药的；按政策，患者83岁的母亲还有其他兄弟姐妹可以照顾。协调员向患者及其家属介绍了“条例”细则，并告知根据医院参与的责任程度，医院可以赔偿患者的配偶及儿女的生活、抚养费，对患者本人可按残疾等级给予赔偿。通过协调员的工作，医患双方最终达成了共识，妥善解决了这起纠纷。

4）勤沟通，当好信息员：协调员也是信息员，这一作用至关重要。接手每一个案例后，协调员要了解情况，及时与家属沟通，尽量掌握患者的想法及具体情况，把掌握的情况与专家沟通，以便于分析鉴定；与院方沟通，相互配合，做好患者工作；依据专家分析讨论后做出的鉴定结论，根据因果关系，责任程度，把握尺度与患者交流协商。协调员要将每一个环节的信息及时反馈给医院医务处，反馈给保险公司领导，使各方面能相互配合以便全面分析，从而得出正确的判断，有的放矢地做工作，为调解工作顺利进行打开通道。

例4，患者，男，45岁，因肛漏，做窦道灌胶手术未成功，造成患者很大痛苦，近一年不能坐，因局部化脓、红肿，每天换药，臭味极大，无法正常生活，反复来找医院。要求索赔，协调员接手后，用爱心、同情心感化他，特别注意讲话方式、语气，讲清他原发病的客观实际，告之他手术的风险。同时，与院方及时沟通情况、反馈信息，配合默契。协调员与院方长谈4小时，使其做好各方面的心理准备工作。最终院方做出了适当赔款，同意了再次手术。患者对协调员十分感谢。

随着社会主义市场经济体制的逐步建立，医药卫生体制改革的不断深入，维护医患双方合法权益引起社会各界的关注，并成为社会热点问题之一。因此，协调员要提高自身素质，学习法律知识与相关制度、数据、依据。这些都非常重要，是做好调解工作的前提。调解中，患者会提出各种各样的问题，包括医疗方面数据出处，如何计算赔款等。协调员要准确无误地回答这些问题，才能赢得患者的信任与认可；理赔数据准确，才能保证国家资产不随意流失；不慷国家之慨，对医院、医护人员负责。协调员要公正、公平，坚持人文关怀，及时、便捷地解决各种医疗纠纷，为创建和谐的医患关系而努力。

2．专家鉴定组　高水平的专家组是高质量鉴定的可靠保障。专家组由临床内、外、妇、儿、基础医学各科专家、教育管理和医疗管理专家、专业律师和退休法官等专家组成。医学专家多是资深专家，具有丰富的临床工作经验，他们中有的深谙法律，已取得律师执照，有的是人民陪审员。

（二）医疗纠纷调解程序（图1）

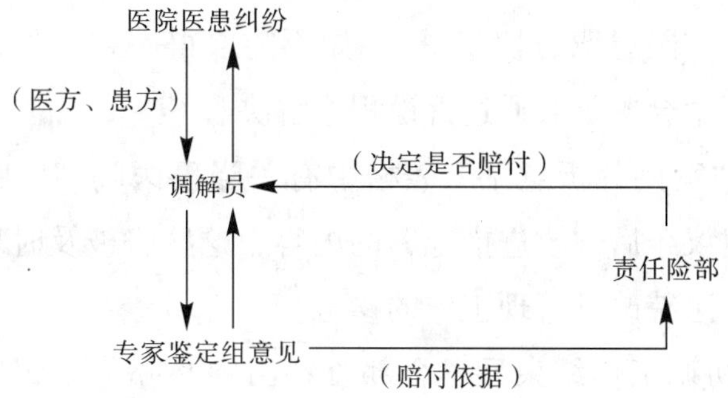

图1 工作流程图

1．医疗纠纷协调中心受理医疗纠纷 保险公司对医院上报的医疗纠纷立案，并转交医疗纠纷协调中心的调解办公室。医疗纠纷协调中心受理后，立即将案例分配到就近的调解工作站，协调员开始接手调解工作。

2．调解工作站的协调员分别与医患双方接触，防止矛盾的激化 协调员向患方说明中心的工作任务，耐心听取患方的意见、要求和接受索赔申请资料；以同情、理解的心态来安抚患方，规劝患方到协调中心协调解决纠纷，以免患方产生过激的言行，干扰医院的工作秩序；听取医方当事人的意见，并要求医方提供真实的诊疗过程中的各种资料（包括病历、院方意见、科室意见、责任人的资质证明等）。

3．协调员将取得医患双方的书面资料交专家鉴定组鉴定。

4．担任鉴定的“责任专家”，对接管的案例进行调研，草拟案例分析意见和鉴定报告。

5．召开全体专家组和协调员会 先由协调员报告医患双方纠纷的交点、协调情况和患方要求。然后由责任专家报告草拟的案例分析意见和鉴定报告。经全体讨论、补充，责任专家归纳、整理会议通过的意见，写出正式分析意见和鉴定报告。

6. 将正式分析意见和鉴定报告送交责任险部作为对患方理赔的依据。

7. 协调员再次与医患双方沟通、协调，如取得一致意见，则可签订“医患双方协议书”；如不能取得一致意见，则可进行中华医学会鉴定或通过诉讼程序解决。

8. “案例分析意见”表格中有关当事医院“应吸取的教训”及建议今后“改进措施”的内容，这些将被及时反馈给医院，作为医院改进管理工作的参考。

9. 协调工作结束后，全部资料由中心办公室归档。有关数据按中心要求输入计算机，供中心分析、总结和科学研究用。其中典型案例，将作为宣教讲课和编写教材用。

四、医疗责任保险与医疗纠纷协调的最终目的

（一）缓和医患不正常的紧张关系，维护医患双方的权益

医院投保医疗责任险后，一旦出现医疗纠纷，协调中心即可进行调解，使患方理智、冷静地对待问题，避免过激情绪，甚至伤害医护人员的非理性行为；在调解过程中，使医院处于比较“超脱”的地位。医疗纠纷协调中心通过公平、合法、合理的协调，得到使医患双方均能接受的结果；协调结束后，帮助医院总结经验教训。

医疗责任保险，有助于缓和医患关系，加强患者补偿金的支付渠道，其大的参保范围提供了风险分担和转移机制，有利于医方降低风险，减少损失，使医患双方的合法权益均能得到维护。

在探索各种解决医疗纠纷方式的过程中，由第三方（医疗纠纷协调中心）介入承担调解医疗纠纷工作具有客观、公正、低成本、高效率和更加人性化的明显特点，是值得总结、推广

的有效途径。

（二）提高医院服务质量、减少医疗纠纷的发生

医疗纠纷协调中心的工作并不只是公平、合法、合理地处理医疗纠纷，更重要的是通过协调工作总结经验和教训，到各医院进行宣讲和研讨，甚至派专家到医院“蹲点”考查，与医院共同探讨行政管理和业务技术问题，以达到提高医院服务质量，降低医疗纠纷的发生率，使医院成为人民满意的医院。

（三）促进医疗卫生事业的发展

医疗纠纷在一定程度上阻碍了医学科学的发展，导致医患双方的合法利益得不到保护。医院投医疗责任险后，一旦出现医疗纠纷，协调中心即可介入。有了这样的机制可使医务人员放下思想包袱，避免保守和放弃的思想，为了患者的利益采取积极的治疗措施，使患者对医护人员有了信任感，医患之间能有更好的配合。医学科学在和谐的医患关系气氛中才能不断创新和发展，人民的卫生事业才能得到健康的发展。

（郑超强　赵红梅　刘鄂生）

医疗责任保险的作用

执业责任保险在我国的发展较晚，仅有几年的历程。2003年太平保险北京分公司在保险行业内率先成立了专业的责任险部，开展执业责任保险，医疗执业责任保险也包括其中。经过几年来的努力，我国的医疗责任险有了显著的发展，取得了一定成效，也得出了很多有益的经验。

一、什么是医疗责任保险

医疗责任保险（下简称“医责险”）是指医疗机构以法人资格为其医护人员的执业行为作为保险标的的险种，是分担医疗机构及其医护人员在执业过程中医疗过失纠纷处理与赔偿风险的一种社会分担机制。

二、医疗责任保险的特点及作用

(一) 转嫁医疗机构的责任风险和医务人员的从业风险

医疗机构及其医护人员通过投保医疗责任保险，向保险公司缴纳一定金额的保险费，就可将其经营管理和执业过程中的不确定风险转嫁给保险公司，即被保险人的民事赔偿责任可以通过医疗责任保险转化为保险责任，由保险公司承担。保险公司几十倍于保险费的经济补偿，保障了医院的偿付能力和财务稳定，有利于医院的经营管理，有利于维护医务人员的切身利益。并且使患者正确认识什么是医疗风险，什么是现在医学临床上无法解决的科学风险。

（二）妥善解决医疗事故与医疗纠纷，维护医疗机构的社会信誉

医疗事故与纠纷发生后，保险公司会确定保险责任并在最短的时间内给与相应赔偿。同时，协调中心作为第三方，通过参与事故的调查和调解，加强医患之间的沟通，有利于密切和改善医患关系，减少和转移医疗纠纷带给医院的压力，同时也为医院树立良好社会形象起到积极作用。因此，医疗责任保险既是解决医疗纠纷中民事责任的重要途径，又是各医疗机构通过良好社会信誉来增加竞争力的有效途径。

（三）有利于医学科学的进步和新技术、新疗法的开发应用

目前医疗纠纷引起的不健康医患关系，造成医护人员在面对需要高风险、高技术处理的复杂病症时的执业行为趋于保守，这样不仅会阻碍医学科学技术的进步与发展，还会使患者错过救治机会。医疗责任保险，能够减轻医务人员的后顾之忧，激发医务人员治病救人的主动性、创造性，及敬业精神，使他们大胆进行临床实践，从而促进医学科学技术的不断进步和发展，保障和增进人民健康。

（四）防范和减少医疗事故的发生

防患于未然是保险的经营原则。投保医疗责任保险是解决医疗纠纷的一种手段，而不是目的。因此，保险公司要为医院提供配套服务，对医疗纠纷要采取防范措施，包括支出专项经费，协助医疗机构进行相关医学法律知识，执业行为规范的培

训，聘请临床医学、现代医院管理学、医学伦理学、医学法学等方面的专家对医疗质量监控及医疗纠纷防范提出合理化建议等，以此促进和完善医疗机构的规范化管理，为预防和减少医疗事故与医疗纠纷的发生起到积极的作用。

（五）维护患者的合法权益

医疗机构投保医疗责任保险，最终受益的是患者。因为通过保险，患者在接受诊疗或护理过程中，由于医护人员的过失给患者造成的人身损害赔偿被纳入到规范途径中，因而能够及时得到赔偿。也就是说，通过保险公司的赔付，患者能够在最短时间内获得合法的经济赔偿，从而避免患者同医院产生不必要的纠纷，维护了医患双方的合法权益及医院的正常工作秩序，为创造良好的医疗秩序提供了保障。

三、医疗责任保险所保障的内容

在医疗责任保险条款中的保险责任是：医护人员在诊疗、护理工作中由于执业过失给患者造成的人身损害，应由医疗机构承担的赔偿责任，保险公司负责赔偿。这里指的人身损害未必是医疗事故，是指医护人员的执业过失行为与造成患者人身损害的结果之间是否存在因果关系，如果存在，参照《医疗事故处理条例》及相关的法律、法规、政策给予赔偿。

四、医疗纠纷的处理

太平保险有限公司在承保医疗责任保险后，与医疗机构一样感到的最大的困惑是：在发生了医疗纠纷后如何去处理。在医疗机构与患者沟通时，绝大多数患者不接受事实，猜疑医院袒护医务人员。而保险公司出面协助处理医疗纠纷时，被认为是出钱方，会偏向医院，患者仍会保持一种不信任的态度。那么我们将如何缓解患者或其亲属的激动情绪，使医疗纠纷发生后能够有一个有效的和解途径呢？

2003年，太平保险有限公司北京分公司与北京医学教育协会合作成立了医疗纠纷协调中心，并得到了政府相关部门的批准和支持。由于有第三方客观、公平、公正地介入，加之大量的医学专家的参与，使投保的医疗机构的绝大多数医疗纠纷转移到医疗机构外解决，并得到了保险公司的及时赔付。基于取得的显著成果，有些患者或其家属称协调中心是“不戴国徽的法官”，“公正处理医疗纠纷，热心服务和谐社会”。

医疗纠纷协调中心的任务及所起的作用就在于：

（一）调解医院与患者之间的纠纷，防止医疗纠纷激化。

（二）将医疗纠纷引向医院外部解决，避免由于双方不冷静的行为，影响正常的医疗秩序。

（三）通过调解工作，向医患双方宣传国家法律、法规、规章、政策，引导患者采取理性的、合法的方式解决与医院的纠纷。

（四）通过调解工作，妥善解决医疗纠纷。在调解不成的情况下，正确引导患方进入诉讼程序，避免患方走弯路，给社会造成不稳定因素。

（五）通过调解工作，掌握纠纷动态及案例，为医护人员规避风险及再教育提供一手材料，从而把“以防为主、调防结合”的方法落实到实处。

由此可见，当医疗纠纷发生后，通过调解工作，不仅使患者能够及时得到赔偿，也大大地缩短了医疗纠纷的处理时间，免除了由医疗纠纷引起的诉讼成本，使医疗纠纷的处理更为人性化。我们认为在当前形势下，由医疗纠纷协调中心作为第三方进行调解是化解医疗纠纷的最佳方式。

五、医疗机构如何投保医责险

当医疗机构要求投保医责险时，要与承保的保险公司进行全面的沟通，并认真解读医责险条款及费率规章。因为我国的医务工作者不是自由职业人，保险公司现行的制度、相关的法律、法规及部门规章都规定，医疗责任是一种法人责任。医务人员在执业过程中给患者造成了人身损害，由医院负责赔偿，这种现象在法律上也被称为替代责任。

下面，以太平保险公司的医疗责任险为例，讲一下医疗机构如何投保。

医疗机构在认真解读医疗责任保险条款后，与承保的保险公司签订保险合同。这时应注意以下几点：①必须认真填写投保单，特别是医疗机构名称、地址、联系电话，及负责人；②将医疗机构营业执照、上级主管机关核发的执业许可证（包括卫生行政管理部门核准的医疗机构床位数）复印件加盖公章，交予保险公司留档；③详细提供医疗机构被保险人员名单（不包括行政后勤管理人员），选择每次赔偿限额和年内累计赔偿限额，每次赔偿限额的绝对免赔额为人民币 1000 元或按损失金额的 5%计算，两者以高者为准。费率规章及赔偿限额见表 1。

（一）说明

医疗责任年度基本保险费为医疗机构年度基本保险费与医务人员年度基本保险费之和。

按基本保险费收取保费时各项赔偿限额基准值规定如表 1：

表 1　医疗责任基准赔偿限额表

医疗机构类别	每人基准赔偿限额（人民币）	年度累计基准赔偿限额（人民币）
三级甲等医疗机构	20 万元	200 万元
三级医疗机构（除甲等外）	20 万元	200 万元
二级甲等医疗机构	20 万元	100 万元
二级医疗机构（除甲等外）	20 万元	100 万元
一级甲等医疗机构	20 万元	60 万元
一级医疗机构（除甲等外）	20 万元	60 万元
非一级医疗机构、有住院床位的社区医疗服务机构	20 万元	60 万元
无床位医疗机构	20 万元	40 万元

（二）基准费率

1．医疗机构年度基本保险费　即床位基本保费为 160 元/床位年。

2．医务人员年度基本保险费

（1）统扯计算保费：200 元/人。

（2）分类计算

1）医生保费：355 元/人。

2）护士和医技人员保费：155 元/人。

（三）医疗机构风险系数表（表 2）

表 2　医疗机构风险系数表

医疗机构等级	医疗机构风险系数表
三级甲等医疗机构	1.35
三级医疗机构（除甲等外）	1.30
二级甲等医疗机构	1.20
二级医疗机构（除甲等外）	1.15
一级甲等医疗机构	1.05
一级医疗机构（除甲等外）	1.00
非一级医疗机构、有住院床位的社区医疗服务机构	0.80
无床位医疗机构	0.50

（四）计算方法

1．医疗机构年度基本保险费

医疗机构年度基本保险费 = 床位数 × 160 × 医疗机构风险系数

若医疗机构床位数为零或上述计算结果小于 4000 元，此项费用应按照 4000 元计收。

2．医务人员年度基本保险费　医务人员年度基本保险费可按“统扯计费”和“分类计费”两种方式计算，医疗机构可任选一种。

（1）统扯计费方式：

医务人员年度保险费 = 医务人员数 × 200 元 × 医疗机构风险系数

（2）分类计费方式：将医师、护士及医技人员按照其所在科室的种类及职称分类，计算出各类别的人数。

医务人员年度基本保险费 = ∑医务人员 × 类别保费 × 医疗机构风险系数 × 岗位风险系数 × 职称风险系数

医务人员类别保费：医生保费：355 元/人

护士和医技人员保费：155 元/人

总之，从全面的角度去看，医疗责任保险有两条主线。一是将医疗纠纷转移到院外，由第三方（协调中心）科学、公正、公平地协调处理。二是保险公司与协调中心通力合作，尽力做好风险防范工作，把“以防为主、调防结合”的方针落实到实处，而使医疗机构提高医疗质量，降低医疗风险。这二者相结合是一个目的，即为患者提供优质的服务，构建和谐的医患关系，将医疗事故或医疗纠纷减到最低限度。这在太平保险有限公司北京分公司责任险部几年的实践中已取得了可喜的成就。由于保险公司承保医疗责任险后与医疗机构的目标一致，即为了化解医疗纠纷，缓和医患关系，构建和谐社会而努力，不仅仅在化解医疗纠纷中体现了医疗责任保险的重要作用，同时也体现了保险公司参与社会管理功能的重要作用。

（刘忠华）

医疗纠纷的法律解读

医院（师）和患者之间的矛盾关系，是随着时代的发展变化而变化的，与法律、制度的健全以及人们对法律的理解和公民权利意识的提高有着密切的联系。中国古代有“医者父母心”，医术乃“仁者仁术”的说法，既然是父母、仁者，想来一般很少犯错的，即便有些失误，也是可以原谅的。虽然自古以来人们对医疗活动的高风险性有所认识，但我国古代法律有关医疗过错行为的罪名或规定还是很少的。20年前，我们也不像现在这样探讨医疗纠纷这个概念，医患矛盾不是社会热点，相关法律规定也不很健全，道德规范是调整医患关系的重要依据之一。2003年1月，最高人民法院《关于参照 < 医疗事故处理条例 > 审理医疗纠纷民事案件的通知》出台前，医疗纠纷在法律层面上基本等同于医疗事故纠纷，不是医疗事故的根本不予赔偿。现在，医患矛盾所表现出的医疗纠纷要比以往范围更广泛、形式更多样、法律适用更复杂。之所以有意用医疗纠纷来代替医疗事故纠纷这一概念，就是想表明，医疗纠纷已经涉及到医疗服务的方方面面，是医疗事故的，法律要规范，不是医疗事故的，法律也要规范；在诊疗行为中发生的纠纷，法律要规范，与诊疗行为有关的活动中发生的纠纷，法律仍然要规范。医院和广大医务工作者抱着一本《医疗事故处理条例》包打天下的做法，已经无法适应时代的发展和要求了。

一、医疗纠纷的涵义

（一）什么是医疗纠纷？

简而言之，医疗纠纷是医院和患者（或患者近亲属）之间在医疗活动中或与医疗相关的活动中发生的争议的统称。首先，医疗纠纷的范围涵盖医院向社会提供医疗服务的每个环节，既包括医院在医疗活动中发生的纠纷，也包括医院在与医疗相关活动中发生的纠纷，如因医院的管理行为、广告宣传行为，或安全保障行为引起的纠纷。其次，医疗纠纷是患者在接受医院提供医疗服务过程中与医院发生的一切纠纷，并不限于患者对诊疗结果不满发生的纠纷。医疗纠纷既包括医疗技术纠纷，也包括非医疗技术纠纷；既包括患者在诊治过程中构成医疗事故的纠纷，也包括患者在医疗诊治过程中不构成医疗事故的纠纷。再次，这是医患之间的纠纷，医生与医生之间或医院内部的纠纷，不是医疗纠纷概念的范畴。最后，医疗纠纷概念的理解，也与法律规范的健全程度、公民权利受重视的程度和法治的发展相关。

非法行医属于医疗纠纷吗？

不属于。未依法取得《医疗机构执业许可证》

的机构和没有执业医师或助理执业医师资格及执业证书的行医行为，以及虽有合法执业资格的医务人员私下自行开展的行医经营活动，均属于非法行医的范畴，他们即使与患者在诊疗过程中或与诊疗有关的活动中发生了纠纷，也不属于医疗纠纷，应按照非法行医的相关法律法规处理。

（二）医疗纠纷的种类

一般而言，医疗纠纷主要表现为以下几类：

1．与患者生命权、健康权、身体权有关的纠纷　患者认为由于医务人员在诊疗中的过错，侵害了其生命权、健康权和身体权，无论是否构成医疗事故。

2．与患者姓名权、肖像权、名誉权、隐私权等人格权有关的纠纷　患者在接受医疗服务过程中，其人格尊严、风俗习惯、个人隐私等依法受法律保护。

3．因患者知情同意权引起的纠纷。

4．因患者就医中选择权、处分权的行使引起的纠纷。

5．因医疗费用的数额、欠缴所引起的纠纷。

6．与医院公共设施的使用和安全保障义务有关的纠纷。

7．因药品、药械质量引起的纠纷。

8．与患者近亲属因患者死亡后尸体处理所引起的纠纷。

9．与医师生命权、健康权、身体权、人格尊严、名誉权等人身权有关的纠纷　患者在就医过程中应当尊重医生的工作、不得采取过激行为。

10．因扰乱医疗机构正常工作秩序而引发的纠纷（如患者拒绝出院）。

总之，纠纷的发生总是因为有当事人认为其合法权益受到了侵害，上述相关内容将在下文医患双方的权利中再详细介绍。

二、医疗纠纷解决的法律适用

（一）处理医疗纠纷适用的法律规范

1.《中华人民共和国民法通则》（以下简称《民法通则》）、《中华人民共和国民事诉讼法》、《关于民事诉讼证据的若干规定》、《关于审理人身损害赔偿案件适用法律若干问题的解释》、《关于参照 < 医疗事故处理条例 > 审理医疗纠纷民事案件的通知》。

2.《医疗事故处理条例》、《医疗机构管理条例》、《执业医师法》、《病历书写基本规范》、《传染病防治法》等与医疗活动有关的法律、法规。

3. 相关地方性法规和法院工作文件，如《北京市高级人民法院关于审理医疗损害赔偿纠纷案件若干问题的意见》等。

4.《全国人民代表大会常务委员会关于司法鉴定管理问题的决定》等有关鉴定的规范。

（二）解决医疗纠纷的法律适用上的特点

1.《民法通则》系统的法律规范和《医疗事故处理条例》系统的法规规范，在解决医疗纠纷的适用上，共同存在，同时适用。它们的相互关系是上位法和下位法的关系，普通法和特别法的关系。其中，《民法通则》是上位法和普通法，《医疗事故处理条例》是下位法和特别法。

2. 两个系统法律规范的适用原则

（1）医患双方选择行政调解或自行协调的手段来解决医疗纠纷的，由当事人自主选择法律的适用，在这种情况下，卫生行政部门和医院往往选择《医疗事故处理条例》作为解决的依据。

（2）在审理医疗纠纷案件时，人民法院依据当事人的案由来选择适用法律。当事人选择“医疗事故纠纷”的，人民法院主要适用《医疗事故处理条例》。当事人选择“人身损害赔偿纠纷”或“医疗服务合同纠纷”的，人民法院主要适用《民法通则》等法律规范。但是，在审判实践中，人民法院在审理医疗纠纷案件时，基本上都是适用的《民法通则》等法律规范。这是因为：

1）《民法通则》是上位法，而《医疗事故处理条例》是下位法，在二者有冲突时，优先适用《民法通则》。

2）为更好地保护患者的权利，避免纠纷的复杂化，法院往往对患者在案由的选择上予以指导，绝大多数的患者在法院的指导下都选择了适用《民法通则》的“人身损害赔偿纠纷”的案由。

经鉴定属于医疗事故的医疗纠纷，在诉讼中是否应适用《医疗事故处理条例》进行赔偿？

不一定。在司法审判实践中，经过医疗事故技术鉴定属于医疗事故的案件，该鉴定结论仅是人民法院在案件审理中的证据之一，法院会结合案件的案由和医疗事故技术鉴定中对医院医疗行为的分析意见并综合案件的实际情况来适用法律。经鉴定属于医疗事故的医疗纠纷，在诉讼中并不一定当然地适用《医疗事故处理条例》进行赔偿。

3．医疗纠纷诉讼中《民法通则》的适用，使《医疗事故处理条例》被弱化，其第四十九条“不属于医疗事故的，医疗机构不承担赔偿责任”的规定已实际上被废止。在审判实践中，属于医疗事故的，不一定按《医疗事故处理条例》的标准进行赔偿。不属于医疗事故的，按照《民法通则》的规定，如果医疗机构的行为存在过错且该行为与患者的损害结果存在因果关系的，医疗机构也应当承担赔偿责任。

4. 医疗纠纷赔偿的标准存在“城乡差别”。无论是《最高人民法院关于审理人身损害赔偿案件适用法律若干问题的解释》，还是《医疗事故处理条例》，都要划分“城镇居民”和“农村居民”。审判实践中以户口性质区分当事人是“城镇居民”还是“农村居民”，并对应以不同的赔偿标准，即所谓“同命不同价”。这是一个普遍的法律问题，不只体现在医疗纠纷案件中。

5. 解决医疗纠纷的法律适用，更注重保护弱者，以人为本。这里的弱者指患者，许多法律制度的设计和案件的实际审理结果，向患者倾斜。

三、医患双方的权利“斗争”

此权利非彼权力。

文明社会和法制社会的重要特征之一就是重视和保护公民的合法权利。医疗纠纷发生的实质就是患者或医院认为自己的权利受到了侵害，并要求法律予以保护。当然，这其中绝大多数是患者为维护自己的权利所进行的“斗争”。下面谈一下医患双方的权利并着重介绍一下患者的权利。

（一）患者的权利

患者的权利是一个世界性的论题，美国的《病人权利法》以法的形式明确了患者享有的12项权利，1981年第34届世界医学大会还通过了《患者权利宣言》。

与医疗纠纷有关的患者的主要权利有：

1. 生命权、健康权、身体权。

2. 姓名权、肖像权、名誉权、隐私权等人格权利。未经患者本人同意，医院不得公开患者的病情资料、个人信息、不得使用患者的肖像进行对外宣传。

患者在接受诊断、治疗中，是否可以拒绝学生、实习人员的围观和讨论？

这是医学科学的发展与患者隐私权保护的冲突，法律对此没有明确规定予以规范。为避免纠纷和尊重患者的隐私权，医疗机构可以在患者接受诊治和入院之前进行明示，或在显著位置张贴需要患者在医学教学、实习活动中的配合、理解和支持的公告，患者仍然选择接受该医疗机构诊疗的，视为对上述行为的同意。同时，医疗机构在进行教学、科研活动中应当采取合理的方式、方法。

3. 平等、公正、及时得到医疗求治和服务的权利。

医院是否可以以床位已满为由拒绝患者的入院？

可以。患者平等得到医疗机构服务的权利对每一位患者而言是平等的，医院也不得为关系患者预留床位而故意拒绝其他患者的住院，患者也不能在医院床位已满的情况下，强行要求住院，侵犯其他病人的合法权利。医院在床位已满的情况下，应当充分告知患者病情以及是否需住院治疗，并告知患者选择其他医院，或安排患者先行治疗的同时，等待床位入院。

医院是否可以以急救患者没有亲属陪同或没有缴纳押金的情况下拖延救治或拒绝救治?

不可以。《医疗机构管理条例》、《执业医师法》和《传染病防治法》明确规定医院对急危病人、突发公共卫生事件中的病人和特殊传染病人具有法定的及时救治义务。患者有及时、公正得到医疗救治的权利。作为公共事业单位，医疗机构应以“治病救人”为宗旨，不以赢利为目的。

4．知情同意权　《执业医师法》第26条规定：医疗机构及其医务人员应当将患者的病情、诊疗措施、医疗风险等如实告知患者，及时解答其询问。在如实告知时应避免对患者产生不利后果。医师进行实验性临床医疗，应当经医院批准并征得患者本人或其家属的同意。《医疗机构管理条例》第33条规定：医疗机构施行手术、特殊治疗时，必须征得患者的同意，并取得家属或关系人同意签字。无法取得患者或家属关系人同意的或特殊情况，应由治疗医师提出医疗处置方案，经医疗机构负责人批准后施行。

与患者知情同意权相对应的是医院的告知义务，知情同意权其实包含两层含义，一是知情，一是同意。患者的知情同意权与其自主选择权有重叠部分，但并不等同于自主选择权。了解知情同意权对医疗纠纷的防范非常重要。

(1) 患者的知情和同意有两种情况：一是默认的同意，是根据患者的表现得出的，如护士注射时，患者自觉伸出胳膊来接受注射，表明其已知情、同意；二是明示的知情同意，其最重要的表现形式是患者（或家属）的书面签字。医疗机构施行手术、特殊治疗、特殊检查和实验性临床医疗时，应当征得患者（或关系人）的同意并签字。

(2) 在紧急抢救和特殊情况下，知情同意权不得对抗医师的强制或紧急治疗权。

(3) 患者的知情同意并不免除医院因过失对患者造成损害的法律责任。

患者需要在病历上签字吗?

法律仅规定了几种情形下，患者知情同意权的行使应当以签字的形式来行使，对是否需要在病历上签字没有规定。患者是否在病历上签字，不影响病历的法律效力，但实践中，患者在病历上签字对避免日后纠纷的产生具有一定的益处。在任何时候，医师都不得代替患者签字。

5. 选择权和处分权　患者有选择到哪家医院就医的权利，有选择不同条件病房的权利，在医师的建议下，有选择哪种治疗方案的权利，有选择使用哪种药品，药械的权利，有选择在医院买药还是在药店买药的权利，有放弃治疗的权利，有放弃有创治疗的权利等。患者的选择权和处分权的行使就意味着对其他选择情况的放弃。因此，凡涉及患者行使选择权和处分权的重大事项时，都应当取得患者（或其关系人）的签字。

患者有没有选择医生的权利?

法律对此没有明确规定。医患关系的建立同时也是医疗服务合同的建立，就《合同法》的法律精

神而言，在不影响其他患者平等就医的权利和取得医疗机构同意的同时，患者可以选择医师，但这不能成为医疗机构牟利的手段。

患者有没有权利选择死亡？

我国法律不允许医师为患者实施“安乐死”。患者可以选择保守治疗或是拒绝有创治疗，甚至放弃治疗，但不能要求医师帮助其死亡。否则，医师涉嫌故意杀人罪。目前，我国法律界在是否应该实施“安乐死”这一问题上看法不统一。

6. 患者有了解医疗服务项目的收费标准和收费项目、数额的权利。

7. 患者在医疗机构就医有获得安全保障的权利　医疗机构在其公共设施的设置，医疗机构区域内的安全保卫上，负有安全保障义务。《最高人民法院关于审理人身损害赔偿案件适用法律若干问题的解释》第 6 条规定：“从事住宿、餐饮、娱乐等经营活动或者其他社会活动的自然人、法人、其他组织，未尽合理限度范围内的安全保障义务致使他人遭受人身损害，赔偿权利人请求其承担相应赔偿责任的，人民法院应予支持。因第三人侵权导致损害结果发生的，由实施侵权行为的第三人承担赔偿责任。安全保障义务人有过错的，应当在其能够防止或者制止损害的范围内承担相应的补充赔偿责任。安全保障义务人承担责任后，可以向第三人追偿。”

患者在就医过程中不慎摔倒、滑倒、绊倒造成损害的，医疗机构是否承担赔偿责任？

患者在就医过程中遇到抢劫、杀人等暴力犯罪造成损害的，医疗机构是否承担赔偿责任？

这要具体情况具体分析，关键是看医院在上述情况中，是否有过错，是否尽到了合理的安全保障义务。如果患者的侵害是由于医疗机构公共设施隐患和设置不合理造成的，其应在过错程度范围内承担相应的责任；如果患者在医疗机构区域内遇到抢劫等暴力犯罪受伤的，医疗机构能够制止而未制止或不帮助患者及时报警，致使损失扩大的，医疗机构应在其过错范围内承担相应的责任，否则，医疗机构不承担赔偿责任。

8．患者家属有对死亡患者的尸体进行处理的权利，但不得违背公序良俗，也不得对抗《传染病防治法》等特殊情况下医疗机构对尸体的法定处理权利。

（二）医师的权利

《执业医师法》第21条规定了医师的权利，但与医疗纠纷有关的相关医师的权利主要有：

1．生命权、健康权、姓名权、肖像权、隐私权等人身权利。

2．进行医学检查、疾病调查、医学处置、出具相关医学证明文件的权利。

3．选择合理的医疗、预防、保健方案的权利。

4．强制或紧急治疗权　在特殊情况下医疗机构可对传染患者，疑似传染患者、戒毒人员、严重精神病患者实施强制性治疗。

患者能够任意拒绝出院吗?

不能。根据患者的情况,选择合理的治疗方案和决定患者是否应当住院治疗,属于医师的权利范围。患者认为医院治疗有过错的,应当通过正常的途径解决,不得采取拒绝出院等妨碍医疗机构正常工作秩序的行为。

四、举证责任和病历

2002年4月1日施行的《最高人民法院关于民事诉讼证据的若干规定》第4条第8项规定:“因医疗行为引起的侵权诉讼,由医疗机构就医疗行为与损害结果不存在因果关系及不存在医疗过错承担举证责任”,即“举证责任倒置”。举证责任倒置是现代法律保护弱者精神的体现,也明确了在医疗行为侵权中的归责原则为过错推定责任原则。即:如果医院不能证明自己没有过错,则推定医院有过错,如果不能证明无因果关系,则推定医院的医疗行为与损害有因果关系。这显然加重了医院的举证责任。

如果医院的行为对患者损害结果承担责任的话,必须同时满足下列四个要件:①医院有过错;②医院有侵权行为发生;③有损害后果;④损害后果与医院行为之间有因果关系。举证责任倒置是指医疗机构对没有过错和无因果关系进行举证,并不免除患方对医疗行为的发生和损害后果的举证责任,在医疗纠纷中,医疗机构应当对患者的举证责任有着充分的认识。

(一)患者的举证

1. 是否有医疗行为的发生　即医患之间是否具有医患关系。患者应当提供挂号单据、病历、收费单据等证明医患关系发生的证据。实践中，容易出现问题的环节在门诊。诉讼中，患者经常诉称×月×日在某医师处门诊治疗，门诊大夫出现了误诊、延诊、医嘱错误的行为，医疗机构应当利用举证责任的分配进行应对，否认×月×日有医患关系的建立，这时法院就会要求当事人提交当日的门诊病历通过核查病历证明医患关系的发生。医生的医嘱、诊断和治疗应以门诊病历记录为准，而不是患者的单方陈述。

但医患关系的建立存在特殊情况：

（1）根据《医疗机构管理条例》、《执业医师法》、《传染病防治法》的规定，医院对危重患者、特殊传染病患者，突发公共卫生事件中的患者有强制缔约义务，医院在接到患者或救治任务的同时就与患者建立了医患关系。

（2）120、999急救机构在接到急救电话之后，即与患者建立了医患关系。上述两种情况下，医疗机构不得以未与患者建立医患关系作为免责的抗辩事由。

经熟人介绍或托关系看病时，患者与医疗机构间是否有医患关系？

这要具体情况具体分析。有些患者虽没有挂号，但托关系、找熟人看病的行为发生在医院正常工作时间、医师岗位职责之内，此时医师的行为是职务行为，与患者间具有事实上的医患关系，患者不遵守医院正常工作秩序的错误不影响医患关系的建立，但在医师否认的情况下，患者应当提供门诊病历、检查单据等证据予以证明。如果患者嫌麻烦不愿去医院看病，私下请医师进行治疗，此时，医

师的行为为个人行为，患者与医疗机构间无医患关系。

2. 是否有损害结果的发生　患者损害结果的发生有时在转院、出院以后，医疗机构应当要求其对损害结果的发生提供举证。可能发生的损害后果和潜在的损害威胁，不能得到法律的支持，通过要求对损害结果发生的举证，还可以更多地取得患者在外院治疗的病历资料，以了解更多的信息。

（二）医疗机构的举证

医疗机构对没有过错和无因果关系的证明主要是提交病历和提出鉴定申请（有关鉴定的内容在下文中详述）。

病历，是医疗纠纷中最重要的证据之一。在医疗活动中病历是医院重要的信息资料，在诉讼中，其作为证据，应当服从《民事诉讼法》关于证据规则的规定。在医疗纠纷中，涉及病历的举证行为最常见的是复印病历和封存病历。

患者有权要求复印病历，这是其知情权的表现之一。根据《医疗事故处理条例》第10条的规定，患者仅有权复印门诊病历、住院病历的客观病历部分，即：住院志、体温单、医嘱单、化验单（检验报告）、医学影像检查资料、特殊检查同意书、手术同意书、手术及麻醉记录单、病理资料、护理记录等病历资料。医疗机构应当在申请人提供有关合法身份证明的基础上，为其提供复印服务并加盖证明印记。

由于患者无权复印主观病历，因此在发生医疗纠纷后，往往要求封存病历，在诉讼中，患者通常只认可医患双方已经封存的病历。为避免纠纷，医疗机构应当格外重视病历的封存：首先，应当查验要求病历封存人的身份证明，不是患者本人或近亲属的，应当提交委托手续；其次，不仅要与病历档案保管部门取得联系，还要与相关科室、门（急）诊办公室取得联系，避免封存的病历不完全；第三，在医患双方均在场的情况下，对病历资料进行查验并封存，在封存件的骑缝处，医患双方分别签字（盖章），写清封存病历的时间、类别和页数；第四，病历封存既可以封存原件，也可以封存复印件。如果封存原件的，医院应该复印备份，用于患者的继续治疗和医疗诉讼的准备。

病历的所有权属于医院还是患者？

患者经常为不能复印主观病历和借阅病历而大为恼火，医院也往往并不情愿为患者提供病历的复印服务。问题的本质在于，病历的所有权属于谁。患者认为自己花了钱，病历所有权当然属于自己，而自己连看一眼的权利都没有，自然很气愤。那么，病历究竟是属于医院还是患者呢？这一问题法律没有明示，通常的看法认为主观病历属于医院，客观病历属于患者。从现有法律对病历的管理、保管规定来看，除去部分客观检查结果外，病历的所有权属于医院。患者花钱是对医院提供医疗服务的花费，并不当然拥有病历的所有权。

五、鉴定——问题和争论

对医疗行为进行鉴定是解决医疗纠纷中最重要的步骤之一，也是争议最多的环节之一。医疗纠纷涉及专业的医疗技术问题，应当通过鉴定分清是非，理清责任，甚至在某种意义上而言，打医疗官司就是在打鉴定结论。医疗纠纷的鉴定活动主要受到以下法律规范的调整：《医疗事故技术鉴定暂行办法》、《医疗事故分级标准》、《最高人民法院关于参照 < 医疗事故处

理条例 > 审理医疗纠纷民事案件的通知》、《全国人民代表大会常务委员会关于司法鉴定管理问题的决定》。

（一）医疗事故技术鉴定和司法鉴定的关系

2003 年 1 月 6 日以前，在医疗纠纷诉讼中，基本上是医疗事故技术鉴定一统天下，而就在这一天，最高人民法院发布了《最高人民法院关于参照 < 医疗事故处理条例 > 审理医疗纠纷民事案件的通知》，其第 2 条规定如下："人民法院在民事审判中，根据当事人的申请或者依职权决定进行医疗事故司法鉴定的，交由条例所规定的医学会组织鉴定。因医疗事故以外的原因引起的其他医疗赔偿纠纷需要进行司法鉴定的，按照《人民法院对外委托司法鉴定管理规定》组织鉴定"。在实践中，我们通常把医学会组织的鉴定叫作医疗事故技术鉴定，把其他司法鉴定组织进行的鉴定叫作司法鉴定或法医鉴定。由于有关鉴定的法律规范实在单薄和不成体系，人们对有关鉴定法律的理解也存有差异，不尽相同。司法实践中，选择谁对医学技术问题鉴定，可能出现以下几种不同的情况：

1. 医院选择医疗事故技术鉴定，患方无异议，法院委托进行医疗事故技术鉴定。

2. 医院选择司法鉴定，患方无异议，法院委托进行司法鉴定。

3. 医院选择医疗事故技术鉴定，患方选择司法鉴定的，可能出现的结果有：①案由是医疗事故纠纷的，法院当然委托进行医疗事故技术鉴定；②案由是人身损害赔偿纠纷的，法院以案由为准，委托司法鉴定；③虽然案由是人身损害赔偿纠纷的，法院以先排除或确定是否为医疗事故为由，委托医疗事故技术鉴定；④医院选择司法鉴定，患者选择医疗事故技术鉴定的，这种情况极为少见，如果发生可能出现的结果也会有上述 3 种。

首次鉴定已经够麻烦了，大家对再次鉴定（不包括医疗事故技术鉴定复议程序）的看法也不完全统一：

（1）已经进行过医疗事故技术鉴定（包括复议）的，当事人又再次提起司法鉴定的，有以下3种情况：①医疗事故技术鉴定结论构成医疗事故的，这种情况下，当事人又再次提起司法鉴定的情况很少见，如果提出，由法官自由裁量，决定是否需要再次司法鉴定；②医疗事故技术鉴定结论不构成医疗事故的，法院认为，患者再次提起司法鉴定是其应有的权利，无论鉴定结论意见如何，再次委托进行司法鉴定；③虽然医疗事故技术鉴定结论不构成医疗事故，法官以医疗事故技术鉴定对医院是否有过错和医疗行为与损害结果之间有无因果关系已经做出了明确结论为由，拒绝再次委托司法鉴定。

（2）已经进行过司法鉴定的，没有正当理由，法院一般不再委托进行再次鉴定。

为了统一作法，使鉴定程序具有可操作性，有地方法院对医疗诉讼中鉴定的程序做出了规范。例如，《北京市高级人民法院关于审理医疗损害赔偿纠纷案件若干问题的意见（试行）》第15条规定："一方当事人申请进行有关医疗过错的司法鉴定，而另一方当事人申请进行医疗事故技术鉴定的，人民法院应当委托进行医疗事故技术鉴定，并要求提出医疗事故技术鉴定申请的一方当事人预交鉴定费。人民法院已经委托进行有关医疗过错的司法鉴定并有鉴定结论，当事人申请进行医疗事故技术鉴定的，是否准许，应从严掌握。"其16条还规定："医疗行为鉴定构成医疗事故，当事人又申请就医疗过错进行司法鉴定的，不予支持。医疗行为经鉴定不构成医疗事故，当事人申请就医疗过错进行司法鉴定，人民法院认为有必要的，应予支持。"

（二）面临的问题

医疗诉讼中的鉴定在实践中处于一种"姥姥不疼，舅舅不爱"的尴尬境地，医院、患者、法院似乎哪一方都有意见，主要反映在：

1．在既有医疗事故技术鉴定结论又有司法鉴定结论的情况下，法院一般都采信司法鉴定的结论。莫不是法医鉴定的水平高，还是法律规定司法鉴定的效力大？医学会和医院对此颇有微词。

2．按照《最高人民法院关于参照〈医疗事故处理条例〉审理医疗纠纷民事案件的通知》第2条规定的理解，医疗事故技术鉴定认为不属于医疗事故的情况下，对“因医疗事故以外的原因”可以进行司法鉴定，但司法鉴定的结论有时往往是认定医疗机构对损害结果负全部责任或主要责任，医院的医疗行为如果要对患者的损害后果负全部或主要责任的话，还能说不构成医疗事故，仅仅是“因医疗事故以外的原因”吗？法律的规定，实在有些难以自圆其说。

3．患者极少相信医学会组织的医疗事故技术鉴定是公平、公正的，他们斥之为“兄弟鉴定”、“亲戚鉴定”；而法医鉴定在专家选择和听证会召开上无法可依，随意性太大，医院很少服气非临床医生在医学问题上的指手画脚。

4．曾被认为有所突破的鉴定人应当出庭作证的规定：当事人对鉴定意见有异议的，经人民法院依法通知，鉴定人应当出庭作证（《全国人民代表大会常务委员会关于司法鉴定管理问题的决定》第11条）。但该规定在实践中难以贯彻执行，无异于一纸空文。

5．难以让司法鉴定机构对其鉴定的错误负责。司法鉴定机构对当事人关于鉴定文书的质询意见往往是不屑一顾的。对鉴定人“因严重不负责任给当事人合法权益造成重大损失的”（《全国人民代表大会常务委员会关于司法鉴定管理问题的决定》第13条）责任追究无法可依、难以操作，甚至不在法院立案受理的范围之内。当事人对司法鉴定的错误很难取证，也没有较好的救济措施。

6. 医疗诉讼中鉴定的规定，一直处于改革变化之中，给人以朝令夕改，无所适从之感，严重损害了鉴定的权威性和司法的权威性。

国家一直非常重视司法鉴定工作，2005 年 10 月，司法部抽调精兵强将成立司法鉴定体制改革办公室，要将鉴定改革进行到底。本文认为，对医疗诉讼中鉴定的完善，应考虑以下几个方面：

1. 医学是复杂的科学，对医学问题的鉴定只能由医学专家来完成，虽然有“亲戚鉴定”之嫌，但外行不能鉴定内行，在保证由医学专家鉴定医学问题的基础上，再考虑制度设计来尽可能地使之公正、公平。

2. 医疗事故技术鉴定内容应当细化、深化，不仅对是否构成医疗事故做出结论，也要对因果关系的有无和因果关系的程度做出分析，鉴定意见和结论应当尽可能明确，使法院具有可操作性；法医鉴定则应当在专家选择和程序进行上明确化、规范化。

3. 再次鉴定必须慎重（不包括医疗事故技术鉴定的复议），第一次鉴定结论明确，并对过错和因果关系有定论时，再次鉴定的提起应当谨慎，以保证鉴定的权威性。

4. 鉴定人接受质询和出庭作证应当具有可操作性。

六、医疗诉讼的应对

出现医疗纠纷以后，医患双方经协商达不成一致意见的，应当通过人民法院诉讼解决。患者将纠纷提请法院裁判，是其诉权的行使，从某种意义而言，是公民法律意识增强的体现，是社会的进步。医疗机构和医师不必谈诉讼而色变，应当尊重患者的选择，从容应对。

医疗机构收到法院的传票和起诉书后，应当通知相关科室，并查看病历是否已被封存，准备证据材料。医疗机构要委托代理人代表医疗机构出庭应诉的，委托代理人不超过两名，需要委托律师出庭的，应当办理相关手续。出庭之前，律师和医院委托的代理人，以及相关科室的医师可以召开案件沟通、讨论会，并根据大家的讨论、分析形成书面的意见。该书面意见是否作为书面的答辩意见在第一次开庭时向法院提交呢？这要视情况而定，一般而言，我们不赞成这种做法，因为法官并不是医学专家，法院并不就医疗技术问题进行审理，该书面意见应当用以案件的把握和作为鉴定中医院一方书面陈述意见的准备。

医疗机构如何选择诉讼代理人？

诉讼代理人的选择应当本着有利于诉讼的原则进行。一般而言，代理医疗机构出庭应诉的两名代理人中，一名是律师，一名是医师，两人各有侧重、互相配合。医疗机构在选派相关科室的医务工作者作为诉讼代理人时，应当选择对科室工作熟悉，责任心强的同志，在是否由医疗纠纷直接当事人作为诉讼代理人这一问题上，应当慎重。

通过阅读起诉书和进行案件讨论、沟通以后，除有关医疗技术问题外，还应当对下列几个方面有所认识，并结合实际情况考虑如何应对：

1．患者与医疗机构之间是否存在医患关系。起诉书中陈述的就诊时间、次数和医院的诊疗行为是否基本属实。

2．起诉的主体是否适合。有资格对医院提起诉讼的，根据法律的规定，主要有：患者本人或纠纷直接当事人，患者本人或纠纷直接当事人死亡的，应当列其所有的法定继承人作为案件当事人，放弃诉讼权利的法定当事人应当明示，以避免纠纷解决后又出现反复。

3．起诉是否符合法律有关诉讼时效的规定。诉讼时效与案由的选择有关：案由选择为人身损害赔偿或医疗事故纠纷的，按《民法通则》第136条的规定，身体受到伤害的，诉讼时效期间为1年；案由选择为医疗服务合同纠纷的，诉讼时效期间为2年，但应当注意的是，此时的医疗纠纷应按《合同法》相关规定审理，而且法律也不支持精神损害赔偿。上述诉讼时效期间的计算从权利人知道或应当知道受到侵害之日起计算，并适用法律有关时效中止、中断的规定。但是，从权利被侵害之日起超过20年的，人民法院不予保护。

4．医疗纠纷当事人是否与医院或相关科室达成赔偿协议，是否支付过赔偿。

5．患者是否欠缴医疗费。患者欠缴医药费的，医院可以在诉讼中提起反诉，提起反诉的时机一般是在鉴定结论做出以后，这样，医院可以根据鉴定的结论估算提起反诉的欠缴医药费数额，做到有的放矢，也可以此作为进行调解解决的手段之一。

6．涉及药品、药械质量问题的，医疗机构应当通知药品、药械生产厂家或销售商，要求其提供质量合格证明文件，并考虑日后进行追偿的问题。

7．涉及血液制品问题的，医疗机构应当知会提供血液的采、供血机构。

8．掌握患者是否有固定工作，是否属离退休人员，是否为医疗保险参保人员，是否为工伤患者，是否为职业病患者等基本信息，这些都可能对最终的赔偿数额产生影响。

9．患者的损害后果是否涉及共同侵权的问题。实践中，部分患者是因交通事故、意外伤害、打架斗殴、暴力犯罪等第三人侵权造成损害后就医的，应当由其他责任人承担的损害后果赔偿责任的部分，医疗机构不予担负。而且，我国法律进行人身损害赔偿的原则为“填平损失原则”，已经由第三方进行赔偿的部分，患者不应再向医疗机构主张。

10．患者或患者家属在就医、诊治中是否有过错。患者或患者家属在就医、诊治中有过错的，可以根据其过错的大小免除或减轻医疗机构的责任。

法院受理患者的起诉后，医院及医生应尽量避免再与患者发生新的争议。在开庭审理时，医疗机构应当携带病历原件和复印件，病历封存的，应当携带病历封存件。庭审中，医疗机构可以要求患方提供赔偿金额的详细清单，用以一一核查。医疗机构应主动提起鉴定申请，鉴定申请一般为书面形式并写清要求鉴定的事项。我国实行两审终审制。一审时法院根据案件的难易程度选择是适用简易程序还是普通程序进行审理，适用简易程序审理的，审限为 3 个月（自立案次日起算），适用普通程序审理的，审限一般为 6 个月。但需要注意的是，对医疗专业问题进行鉴定的时间不计算在审限之内。当事人不服人民法院第一审判决的，有权在判决书送达之日起 15 日内向上一级人民法院提起上诉。二审均适用普通程序审理，并应当在第二审立案之日起 3 个月内审结。二审的判决为终审判决，当事人双方应当遵守执行。

医患双方赔偿协议中有患者不得再向人民法院提起诉讼的约定，但患者又起诉的，人民法院是否受理？

受理。上述约定限制了法律赋予公民的诉权，属无效条款。

医患双方就赔偿事宜达成协议并履行后，患者又起诉的，人民法院一般如何处理？

《医疗事故处理条例》第46条规定：“发生医疗事故的赔偿等民事责任争议，医患双方可以协商解决；不愿协商或协商不成的，当事人可以向卫生行政部门提出调解申请，也可以直接向人民法院提起民事诉讼”。医疗争议的解决有三种途径：一是双方协商；二是行政调解；三是提起诉讼。协商和调解不是提起诉讼的前置程序。医患双方的调解协议在法律上属于当事人按照法律的规定，在双方自愿基础上达成的民事合同，对双方具有约束效力。患者在调解协议履行后，又向人民法院提起诉讼的，人民法院会按照《合同法》的规定，对协议进行审查，不存在重大误解、显失公平、欺诈、乘人之危和违反法律、损害国家利益情况的，应当认定协议有效。如果存在上述情况的，应当认定协议无效，按查明的事实判决赔偿，但已经按协议支付的赔偿金，应当从赔偿总额中扣除。

（胡文中　魏　立）

第二部分

医疗纠纷的防范

医患沟通与医疗告知

近年来，各地的医疗纠纷层出不穷，已越来越成为人们关注的焦点，病家与医疗单位对簿公堂更是司空见惯，这不但影响社会安定，而且严重影响我国医药卫生事业的发展，也成为构建和谐社会的一个严重社会问题。

一、当前医疗纠纷增加的原因是多方面的

当前医疗纠纷增加的根本原因是医疗体制改革滞后，过多地把医疗卫生工作推向市场，再加上政府的投入和社会保障体系不完善，导致社会在医疗服务方面的公平性下降。再次是由于当前解决医患矛盾的各类机制及法律的明显滞后，法律在判断医疗纠纷的是非方面还存在不少空白和误区。第三是医疗本身是个高风险职业，任何疾病的治疗有技术水平的限制和患者个体条件的影响，还有许多未知数尚待探索，不能要求在治病过程中只能治好，不能失败。

但是除上述医疗环境之缺陷和医学科学本身的限制外，医疗服务中也存在技术水平、服务质量、医疗收费、医疗管理的不足，同时诊疗流程中也存在种种缺陷；而另一方面随社会生活水平、文化水平等不断改善，人们对生命的渴望日益强烈，对医疗服务的要求和期望值也越来越高；随依法治国和民主法制建设的进步，全民法律意识和维权意识也在增加。随着市场经济和经济体制改革，各种社会矛盾和人们价值观的变化在社会转型过程中，医疗纠纷的增加是社会矛盾的各种表现体现在医疗服务方面的爆炸而已。

但是，外环境是个渐变的过程，也不是一下能改变的。构建和谐社会首先还是要从自己做起，从医疗纠纷的发生来看，医务人员要严以律己，不断提高自己的技术水平和转变医疗模式的观念，对病人要尊重，学会沟通，把病情和治疗措施向病人充分告知，并征得病人同意；患者应尊重医护人员的劳动，积极配合治疗，对疾病的发生、发展、转归有一个正确地理解，更不能借医疗纠纷达到恶意目的。社会各界及媒体也要起促进和谐的作用，妥善解决各方面分歧，不要不负责任的炒作，火上加油，而促使矛盾的激化。

二、医学是一个高风险职业，人类对疾病的认识和解决还存在许多不足

譬如医务人员分科各异，医生随年龄和实践不同以及医院设备条件、本身的水平和判断能力也有不同，许多疾病的表现除具有一般特点外，还有个体差异，如基础病、免疫状况、并发症等。在医学发展中，对临床诊治手术方法的采用以及新药临床使用，包括新技术，如腹腔镜、胸腔镜等推广，都有一个逐渐熟练和积累经验的过程。因此，从全世界来看，医疗行业本身存在高风险，这一点，每一名医护人员和患者都要有充分的认识和理解。

当然，防范医疗纠纷的根本方法，除了在医疗活动中医疗

机构和医护人员应严格遵循诊疗常规（包括病历书写、操作规范、诊疗措施），预防和积极治疗合并症和并发症，更重要的是医护人员要树立以人为本的理念，尊重患者，认真履行告知义务，让患者如实地了解自己的病情和医师采取医疗措施的理由、重要性和可能的利弊，由患者自主选择，达到最佳治疗目的。

三、医务人员切实履行告知义务是依法行医的重要内容

在患者众多的权利中，知情同意权是一项最基本的权利，并且直接关系到宪法所赋予最基本人权中的生命权、健康权。所以，医务人员在进行医疗活动时要充分尊重和保障患者的合法权利。但是回顾许多医疗纠纷的发生，其中约半数是医务人员没有依法尊重患者的知情同意权。医务人员往往觉得患者对病情、治疗措施和转归不懂，或知之甚少，认为“治病就得听我的”，而不告知患者。因此，一旦发生医疗意外，或造成不良后果，患者往往不能理解，并转变为对医师及医疗过程的怀疑猜想，甚至强调医务人员的主观过失，导致医疗纠纷的发生。

例 1，某患者因心肌梗死在某医院手术，在往心脏部位植入支架时因充气过大、过早，致使支架没有全部到达梗死部位，50%残留在梗阻部位外，造成冠脉多次阻塞。该患者 4 年后又去国外行心脏冠状动脉旁路移植术，医师告知，原支架及钢丝断在左冠脉内。后来患者将医院告上法庭，经审理，虽鉴定为非医疗事故，但法院判定医院在手术后，未将手术中发生的险情和术后可能发生的后果充分告知原告，负有过失，给患者带来以后的痛苦和经济负担。法院判赔 7 万元。

我国现行法律和法规中都明确告示，医务人员在医疗活动中，如实向病人告知并取得患者的同意是医务人员必须履行的一项法定义务。1999 年 5 月 1 日起颁布的《执业医师法》第 26 条规定：“医师应当如实向患者或者其家属介绍病情，但应注

意避免对患者产生不利后果”，2002年公布修改的《医疗事故处理条例》第56条规定：未如实告知患者病情、医疗措施和医疗风险的，由卫生行政部门责令改正，情节严重的，对负有责任的主管人员依法给予行政处分或纪律处分。

在《医疗机构管理条例》第33条规定：“医疗机构实施手术、特殊检查或者特殊治疗时，必须征得患者同意，并应征得家属或者关系人同意并签字……”，这些法律和法规都明确规定在一切医疗活动中患者享有充分被告知权利，并应取得患者或其家属同意并签字，才能进行，这也是患者一种自主权利。但是在日常的医疗活动中，医务人员特别是医生往往忽视病人的知情同意权、自主权。如在实行对身体有侵袭或伤害的治疗方法和手段时，不充分告知患者所承担的风险和痛苦；如在选择药物治疗时，不充分告知药物的副作用和个体素质可能带来的意外；如需要暴露患者隐私或隐私部位，如男医师给女病患者检查隐私部位，以及未经患者同意擅自带学生、实习生检查患者阳性体征等等。

例2，如某医院给一女患者做人工流产，主治医师未征得患者同意，擅自来了众多实习、进修医生（也有男医生）进行教学观摩。术后患者一纸诉状状告医院侵犯其隐私权，法院判定医院未尽告知义务和征得病人同意。最后患者胜诉，获赔精神损失费1万元。

随着社会保障体系的逐步推广，医师应充分告知患者在诊疗活动中所需费用是属于医保范畴、拟或有部分需自费等等，并取得需要患者及其家属同意并签字。如某医院给一下肢静脉曲张患者行手术时，医师在介绍激光治疗的优点并成功试行手术后，患者回去医保报销时，因激光手术不属于报销范围而引起医疗纠纷，最后医院负担激光手术费才解决。以上事例，均说明知情告知在医疗活动中的重要性。这些在知情基础上自我选择和决策，其实质是保护《宪法》赋予公民的人身权和财产权的最高意境。

知情权其内涵包括知情和同意两大部分，当病人了解医师诊治目的、手段后签字同意，实质上是显示医患之间构成一种合同协议，患者在被告知后知情、同意，直至授权医师对疾病（也就是对其本人）进行诊疗处置，与医师形成一种“安危与共，生命相托”的同一战壕的战友关系；其次签署“知情同意书”也是一种风险的转移，即除医师外，患者本人也要承担因疾病和个体差异导致的医疗风险，这种风险有时是难以避免，有时虽然发生概率很低，但是仍有可能发生的风险，是患者所必须面对和承担的。

当前在医疗活动中，许多有创性检查、治疗手段，如手术、输血、化疗及某些新技术等都有格式化书面告知书，但千篇一律，缺乏针对性。有些医师对书面告知书或随意涂改，随意添加内容或项目，或过多使用专业术语或英文缩写，或字迹潦草难以辨认，更为严重的是没有就其中内容和患者或其家属充分交流、沟通，导致患者认为“信息不对称”、“医师强加于人”，使知情同意书的签署流于形式，失去其真正达到医患沟通，作为具有法律效果的知情同意重要文书的意义。甚至有些医疗机构或医师认为签署知情同意书是小事、琐事，患者求医就应该服从医院诊治，以致一旦发生医疗纠纷甚至诉至法院，医方往往因告知不充分或缺乏必要签字手续而败诉。

四、实施医疗告知的关键是良好的医患沟通

在实施医疗告知时，由于患者及其家属知识水平的差异，导致对病情、治疗措施的内容和理解不同；另外不同患者，其发病时间、病情变化、诊治地点以及抢救时间的需要不同；也有不同级别医院对疾病治疗水平和方法的差异，包括不同医师其专业范围、医疗水平的不同；还有病情的急剧变化和不可预测等特殊情况，使医患在病情告知方面存在不少难题和困惑，或把告知变成一种是医师单方面强加于患者，或患者拒绝认可

的尴尬局面。要形成达到医患充分理解和互相信任的局面，其关键是如何加强医患沟通。沟通是一种交流，也是一种艺术。医患之间的交流沟通是建立在互相信任的基础之上的，是医患共同战胜疾病的必要条件，也是医务人员运用自身知识服务于患者，向患者传授健康知识，鼓励患者战胜疾病的义不容辞的义务。

交流的最终目的是使医师赢得患者的尊重和信任，使患者增加战胜疾病的信心，并把"安危与共，生命相托"这种高度信任转化为自愿承担诊疗中可能带来的风险和所需付出的代价(包括痛苦和费用)。如何使医患沟通达到最佳效果呢？关键是要尊重患者、平等待人、富有同情心。即医师在诊治疾病时，要运用自己的知识、经验和判断，以及将诊疗、治疗过程的看法演绎成为患者能理解的语言和思维，这种交流较一般人际交流更体现其人性化、大众化和科学化，所以一个好医师必然是一个学者、科学者、演讲者和社会活动者。但是在日常医疗活动中，医师常借口患者多、工作忙，不能详细回答患者所关注的问题，有时语言的不慎，还会给患者带来不必要的痛苦。如有一名大学生因长期咳嗽，一周内先后在两家医院拍胸片均正常，但由于不放心又到第三家三级甲等医院就诊，并要求拍片，胸片报告正常后，患者舒了一口气，并告知医师已照过两次也一样。但医师对患者未如实报告以前诊疗经过心有不满，便随口说了一句："多照 X 线是有害的，你没看过日本的影片'血疑'。"患者听后面色骤变，回去后到处查医学书及其他材料，担心患上放射病或白血病，随后出现头晕、乏力、失眠、厌食等症状，最后无法坚持学业，住进了精神病院，引起纠纷。虽然医师的回答没有不对，但如果沟通时了解了患者的个性，给予患者更多宽慰而不是简单的告诫，尽量避免不良语言的刺激，就可以避免类似纠纷的发生。

如何赢得患者的理解、信任和尊敬？行医的几十年的实践告诉我，关键是要尊重患者，尊重其人格，尊重其社会经济地位，尊重其对生命的渴望和尊重其对医务人员的批评和“挑剔”。在交流和沟通中，要尽可能地耐心听取患者诉说自己的病痛和希望；要无条件地信任和接受患者的症状和体验；要循循诱导和鼓励患者叙述难以启齿的困惑和容易遗留的细节。然后用通俗易懂的语言，针对不同对象说出你的看法和建议，尤其对有些复杂的，有创的或费用高昂的诊断、治疗要详细说明其利弊，并预备接受患者反复的咨询；对患者的疑点和顾虑等进行推心置腹的研究和分析，最后针对不同患者总结出可让患者进行选择的各种方案并告知各方案的利弊，告知在发生不良反应时预备采取的措施和最可能发生的后果。通过以上充分的交流，常常可以把医疗活动的目的、措施、风险等让患者充分理解，并取得患者的信任和授权，此时患者会自觉且有信心地签署知情同意书。

社会的进步及市场经济的发展，不可避免给人们带来了新的价值观念，人与人之间关系也出现了新格局，但是“以救死扶伤为己任，以高超的技术和优良的服务造福于人民”，这点对于医务人员不但是誓言，而且是行为准则。医务人员辛勤的劳动将使医疗卫生事业在建设和谐社会中发挥其独有的、杰出的作用。

（胡仪吉）

从病历书写谈依法行医

随着人们法律意识的逐渐提高，维护自身健康与生存权利及经济利益的观念的日益增强，以患者对治疗不满或引起人身损害为由而投诉医院或医师并要求赔偿的医疗纠纷案件已成为当前社会公众的热门话题。在处理医疗纠纷的相关法律和法规尚不完善，社会各界对医疗损害赔偿与医疗纠纷处理在认识上还存在分歧的今天，呈不断增长趋势的医疗纠纷、医患矛盾甚至激烈的医患冲突事件，正在严重干扰着医院的正常工作秩序和医师合法的行医权利以及其他患者必要的治疗环境。处理医患矛盾时，从法律角度上判断医疗活动中是否存在失误或过错的证据主要依据病历资料的记载，因此，为了妥善解决医疗纠纷，除了政府和司法部门应当尽快制定相应法规外，作为医师，也应当认清形势，尤其要认清医患之间平等的法律关系，以及法律对医生制约力增强和使患者获得更多医疗知情、健康自主权利的事实，自觉地学法、守法，认真提高法律、维权和自我保护意识，认真写好病历，依法行医，这是医师应当选择的正确对策。

一、病历的法律属性

病历是各级医师在施行对每位病人诊治中亲自参与或直接主持下完成的全过程的真实记录。它体现了医师们对患者病情的认知、思考、判断和制定治疗计划、选择治疗手段的时空经过及不断完善的依据。因此写病历是医师日常工作的内容之一，也是医师的基本功。一个合格的病历理所当然地应当是一个患者疾病诊治过程的完整记录。它不仅对该患者有参考价值，而且也是对同一疾病、不同患者表现不同特点的真实资料和比较各种诊治方法治疗效果的原始数据，因此是医学研究和医学教育不可或缺的珍贵资料和重要的教材。此外，由于病历中记录了患者本人、及其家庭成员的健康资料，涉及个人隐私，应当得到法律保护，因此属于医院管理的法律性档案。病历中还有各级医师在诊治过程中与患者本人和家属就病情相互交换看法、讨论治疗意见的具体内容，以及取得知情、同意并且签字的记载，这就赋予病历极强的法律属性。《民事诉讼若干规定》第 77 条第 1、2 项中规定：国家机关、社会团体依职权制作的公文书证的证明力大于其他证据。因此，当病人投诉医院、要求赔偿，最后不得不经纠纷协调单位或司法部门解决时，病历就成为医疗机构在医疗行为过程中依法形成的最直接、有效的证据资料，也是医患双方各自投诉对方有误和证明自己正确的重要根据。近年来，我国大部分的城市居民和职工参加了健康保险，医疗机构还和保险公司签订了医疗责任保险合同。当医患纠纷出险时，保险公司将按照规定参照病历资料支付费用，对记录不完整，有缺陷的病历或违背约定的治疗则拒绝支付。

综上所述，规范病历书写有利于增强举证效果。也是医生维权的重要手段。

二、病历规范书写的要点

对一份合格病历总的要求是客观、真实、准确、及时和完整。由于医疗工作的时间性很强，所以一份客观、真实、准确、完整的病历必须在规定的时间内完成。具体书写的要点如下：

（一）病历的时效性和真实性必须遵守

1．门、急诊病历　必须准确填写患者的姓名、性别、病历号、就诊日期（要准确到年、月、日、时、分）、科别，必须一边看病，一边记录，并且严格按照看病时的所见（症状、体征及客观检查的结果，包括化验、影像学资料等）、所给（药物、化验单、各种影像检查或门诊手术预约单等）和对患者的说明（饮食、起居、服药、运动等注意事项，及进一步的治疗计划，如住院、介入、手术等）如实、逐项记录在案。病情严重者，应当向家属说明情况。对有创性检查、治疗手段如穿刺、切开引流应说明潜在的风险、征得患者家属同意并签字后才能安排施行。

2．住院病历　要求在患者住院后24小时内完成住院志；8小时内完成首次病程日志；并应结合病情进行病例分析、鉴别诊断和书写病史小结。所有手术均应在术后24小时完成手术志及当日的术后志。中等以上手术后的前3天必须每日写病程日志，病情平稳者可在3天后隔日或每3日记录一次或在治疗有变化（如更换药物、拆线）或患者有不同意见或要求（如要求其他科会诊治疗非住院相关疾病）时，均应如实、详细记录事实经过和与患者取得的共识及所作的决定。

3．抢救记录　不论门、急诊或住院患者，遇到病情发生急剧变化时，均应附加以小时或分钟计算的抢救记录（包括患者生命体征的变化及相应治疗措施）且必须当时记录或在6小时内完成。

病历书写必须真实。虽然每个专科医师所接触的病种相对比较固定，但由于年龄、性别、病情早晚、并存疾病等的差异，同一种疾病在不同个体中的表现可能有不同的特点，因而，必须如实记载，切忌照书本抄写或按标准病历模式不加修改地反复复制、粘贴，除丧失了病历的真实性外，还可能出现许多不能原谅的错误（如错误的姓名、性别、年龄、病变部位、既往史及并存病等）。

（二）病历应充分反映医疗服务的整体性和梯队特点

医疗工作既是个体、常规性的服务，也经常会遇到相对少见、复杂和困难的病例。对后者，必须依靠一些有经验的医师的指导，因此病历中应当反映出他们在查房、术前讨论和疑难病历会诊中对患者诊断、治疗的分析和意见。尤其当有些患者虽然诊断上没有疑问，但患者可能存在治疗上的困难与风险（如高龄、并存病多、免疫功能差、手术耐受性低、不易止血等）时，必须详细记录上级医师的意见，并应当有上级医师的指导。充分显示整个治疗梯队的作用与水平。此外，凡与患者家属谈话，必须主治医师以上的人员担任，并应边谈话、边记录以示当面说明、同意后签字的过程。

三、医疗纠纷处理中，病历作为证据反映出的问题

（一）病历书写不规范，一般资料不全，引起不应有的失误

每位医师应当时刻注意病历书写的规范性。首先要正确写明患者的姓名、性别、年龄及患者的就诊日期和时间（上午或下午几点钟），这在门、急诊或抢救病历中尤为重要。有些姓名，例如王秀英、李淑珍等非常多见，甚至个别男患者也叫秀英、淑珍。此时，如果填化验单时只写姓名，不写性别、年龄就很容易被发错、拿错而造成不应有的失误。例如：某病人因腹痛、腹泻到某院就诊，医师填化验单时只写了姓名，没写性别、年龄，家属取化验单时错拿了另外一张同名患者的化验单，医师按照这张错误的化验单治疗，结果导致一系列的失误。

（二）观察不细和没有按照规定书写病程日志

病历书写规定：中等及中等以上手术患者术后前 3 天必须每天观察病情书写病程日志，以便早期发现问题，及时处理，保证病人顺利康复。例如某患者行经皮肾镜治疗肾结石手术后，主治医师违反术后前 3 天必须每天记病程日志的规定，对术后发热未予注意，到术后第 3 天换药漏粪时才发现结肠损伤。使患者遭受额外痛苦，延长了住院时间和增加了经济负担。

（三）告知不全和病历无记录

上述肾结石患者在术前谈话中并未提及手术损伤结肠的可能，手术同意单中也无此项合并症的描述，因此患者及家属对发生结肠损伤不能理解。属于告知不到位。另外有一例门诊患者（甲亢）因为药物反应（WBC 下降）医师嘱患者停药，但在病历上无相关记载，也未告知患者停多久，导致患者停药时间过长，症状加重，造成不应有的额外痛苦。

（四）有关文件缺失

按照规定，医院对患者住院期间的所有资料（包括术前的配血、化验、及病理报告单等）必须妥善保存，以便复查时参考。例如某肿瘤患者手术后门诊复查疑有肿瘤复发，二次住院时，发现第一次手术的手术志缺失，给再次手术带来一定困难。是医师极不负责的表现，也是病案管理检查不严、工作疏忽的结果。

（五）术前谈话无重点

术前谈话应密切结合病情、说明手术的必要性和技术上的可能性以及手术可能遇到的困难及拟采取的对策，应当千方百计以患者的安全为本。某脑瘤患者术后复发再次住院手术。主治医师虽然在术前对患者做了一些检查，了解到肿瘤严重侵犯周围血管，但术前谈话使用的是印好的表格，谈话中只按表格中列出的各项内容谈了谈，而与该患者的具体情况结合不密切，没有强调术中出血的严重性，甚至术前没有配血，结果术中发生不可控制的大出血。最终患者因止血困难而死亡。患者家属没有思想准备，不能接受死亡的结果。

（六）病历涂改、添加

各级医师必须牢记：在发生差错或事故后，医师对病历进行的任何掩盖错误的涂改或添加以减轻责任的企图，都是不允许的。司法部门在处理这类案件时，首先要对病历的真伪进行鉴定。一旦证实病历是涂改过的或事后添加的，便确定是最严重的违法行为，应负制造伪证的责任。

（七）字迹潦草无法辨认

这是手写病历中普遍存在的不足。医师们应当遵照卫生部病历书写规定的要求，提高对病历法律属性的正确认识，刻苦练习、努力实践、写出文字工整、字迹清晰、表述准确、语句通顺和标点正确的合格病历。

（八）病历不能反映上级医师及全体梯队的服务

正像一次成功的治疗是全体医生们共同辛勤劳动的成果一样，一份合格的病历也是为该患者服务的各级医生们共同努力的工作记录。因此，病历中应当体现出各级医师对该病例从初步诊断、进一步检查到最后确诊，一直到选定正确治疗、最后获得治愈的探索与实践过程。但有的病历则记录不完整，从头至尾只是一个医师的笔迹，既没有查房记录和术前讨论，也看不出各级医生对该患者诊断、治疗的意见和上级医师对该医师的必要指导。

自从2002年1月最高人民法院颁布了《关于民事诉讼证据的若干规定》以来，医疗纠纷的举证责任便落到了医师身上，医师必须认识到病历的法律属性和司法裁决中作为证据的价值，提高法律意识、加强队伍自律，规范操作，写好病历，保存证据，依法行医。

（祝学光）

医疗过程中高危因素的管理

医疗行业是一个高风险的行业，在医疗过程中，风险无处不在，医疗安全始终是医院管理的工作重点。为了降低医疗风险，确保医疗安全，医院管理者对医疗过程的高危因素要加以识别和干预。下面，笔者从医疗过程的高危环节、医务人员和患者中的高危人群等几个方面，谈谈医疗过程中高危因素的管理。

一、医疗过程中的高危环节及高危环节的管理

患者到医院就医，就诊方式分急诊、门诊和住院三种方式，在这三种就医方式中，其高危环节及高危环节的管理各不相同。

（一）急诊中的高危环节　来急诊就诊的患者病情大多比较危重，医疗机构和医务人员对急诊的诊疗活动也比较重视，但是，有些高危环节很容易被忽视。

1．诊断不明确患者的诊疗过程　当患者病因不明时，医务人员要通过化验、X线、B超、CT等辅助检查来明确诊断。患者在进行辅助检查的途中及辅助检查的过程中，病情突然加重，甚至发生猝死的事件时有发生。

例1，患者，女，50岁，因上腹部腹胀，以剑突下为著到急诊就诊，接诊医师未做系统检查，让患者检查B超，患者交费后在B超候诊区等候时突然倒地，神志丧失，呼吸心跳停止，经过抢救无效，患者死亡。因为患者诊断不明确，而且没有危重的临床表现，接诊医师忽视了必要的问诊、物理检查，未能及时发现该患者身上存在的高危因素，导致患者没能得到及时有效的救治。

以下措施有助于减少这一环节可能发生的问题。

措施一：急诊分诊护士要有侧重地认真测量患者的生命体征，包括体温、血压、呼吸、脉搏。

措施二：接诊医师要详细询问病史，对患者进行针对性强的查体，尽快做到对患者的患病情况有个基本的判断。如果患者病情危重，且需要医技科室的检查辅助诊断，应该在进行必要的处置后送去检查，病情特别重者应由医务人员陪同、护送患者进行检查。

措施三：在有条件的医院，急诊室的设置要包括满足急诊需求的医技科室检查室，对B超、化验等检查项目要设置床旁检查的工作流程。

2．急诊患者收住院的过程　在这个环节中，有两种情况存在高危因素。

（1）因为住院床位安排欠妥、患者住院费用准备不足、患者办理住院手续不完备等原因，延误患者住院手续的办理。出现上述情况时，可能出现急诊医师认为已经为患者开具住院证，患者也已经去办理住院手续，急诊的诊疗活动告一段落，下一步的治疗应该由住院病房的医师负责，而住院部医师还根本没有见到这个患者。在这种情况下，患者可能出现一段时间治疗上的“空白”。

例2，患者，男，70岁，因持续胸痛到某医院急诊就诊，经过对症治疗症状不缓解，心电图显示心肌缺血，心肌酶提示有心肌损害，接诊医师在早8点以“心梗?”的诊断为患者开住院证。患者家属办理住院手续时住院处要求交3万元押金，患者家属去筹钱，等家属返回医院并办好住院手续时已经是中午11点30分。后来患者植入支架后心脏破裂死亡。在进行诉讼过程中，家属提出患者收住院当日，从早8点到11点30分，医院没有对患者进行任何治疗，而根据医院提供的病历资料，这一时间段确实没有任何的记录。这一缺陷给医院在整个诉讼过程中带来很大的负面影响。

(2) 患者办妥住院手续来到病房，病房医师尚未诊视患者，患者在治疗上处于中断状态。

针对上述情况，可采取以下措施。

第一种情况，只要患者没有办好住院手续并离开急诊，急诊医师就不能停止急诊的诊疗工作，在开出住院证后，要提醒患者家属，将办理住院手续的情况及时反馈，如果患者暂时不能收入病房，应及时为患者加上必要的治疗。

对第二种情况，危重病人急诊医务人员要护送患者到住院病房，与病房医务人员进行床旁交班；如果病人特别危重，但又必须收住院治疗，急诊医师必须亲自护送患者到病房，必要时，病房医师到急诊接患者，与急诊医师在急诊室进行床旁交接班，接受患者的病房要做好收治重患者的准备。

（二）住院患者诊疗过程中的高危环节

1．急诊收治的危重患者与住院病房交接的环节　这种情况前面已经分析，不再赘述。

2．患者围手术期的高危环节

(1) 术前准备阶段：术前准备阶段有两个环节应该引起足

够的注意，一个是术前讨论，一个是术前谈话。术前讨论是规范医疗行为的核心制度，通过医务人员集体对将要开展的手术进行讨论，确保手术安全进行。有的医院术前讨论不是认真地对术前诊断、手术适应证、采用何种术式、术中出现意外情况的处理、术后护理重点等内容进行分析研究，而是流于形式，有的甚至根本不讨论。如此草率决定并开展手术，势必影响手术的安全。术前谈话是术者或第一助手将与手术有关的详细内容充分地向患者及其家属告知，并获得患者及其家属同意的过程。患者及其家属在这一环节中享有知情同意权和处分权，只有在充分知情后，患者及家属行使了“同意手术”的处分权，他们才能对手术后果特别是不良后果负责。医学是个专业性极强的学科，在医务人员看来简单的过程及术语在患者及其家属看来可能很艰涩难懂。如果将十几条写好的术前谈话内容草草地向患者及其家属说一遍，甚至将文件向患者及其家属面前一推：“签字吧！”患者及其家属可能根本没明白怎么回事，因为他们的知情权没有得到保障，即使他们签了字，行使了处分权——签字同意手术，一旦术后出现了并发症，对手术风险责任的承担也要大打折扣。

为有效防范在这一阶段可能出现的问题，可采取以下干预措施：

措施一：医院有关部门对所有手术科室的医务人员加强教育，强化执行术前讨论制度的重要性，加大对违反制度的行为考核力度。

措施二：术前告知要详细、耐心，甚至不厌其烦，告知必须由术者或第一助手进行，术前告之要简单通俗，用各种患者及其家属能够明白的方式进行。

（2）手术进行中：手术中出现与术前判断不符的情况是常有的事，有时甚至要改变术式。出现上述情况时，如果处理不当，患者及其家属有时很难接受，容易造成纠纷。

干预措施：

术前讨论是解决这一问题的一个重要环节。通过认真的术前讨论，医师充分地考虑手术中可能发生的各种情况，从而减少风险。如果手术中出现了与术前判断不符的情况，术者或第一助手要向患者家属进行二次告知。如果要改变术式，必须再次告知并由患者家属签字。

(3) 患者术后返回病房或ICU的途中：患者在术后返回病房或ICU的途中，情况相对不稳定，抢救设施薄弱，是围手术期的高危环节。患者在这一过程出现问题往往很严重，有的甚至造成死亡。

例3，患者，男，64岁，因胆囊炎、胆石症在全麻下行胆囊切除、胆总管探查术。手术顺利，术后患者清醒后由手术室返回ICU。在返回的途中，患者突然出现呼吸、心脏骤停。护送患者的是一名年轻的麻醉师和实习学生（这种现象在医院中普遍存在），医务人员没有果断地采取抢救措施，而是在患者返回ICU后才开始进行心肺复苏。事后患者家属对医院没有及时、有效地实施抢救措施提出质疑。

为避免类似事故的发生，可采取下列干预措施：

措施一：医院在手术室的设置上要尽量不远离手术科室病房、ICU。

措施二：制定制度，确保患者术后返回病房时生命体征平稳且处于清醒状态；重大手术患者离开手术室以前，手术室医务人员要通知病房或ICU做好接收患者的准备，通知接送患者的电梯处于等候状态；要做到主要术者和麻醉师共同护送患者，携带必要的抢救设施及药品；重要的是护送人员应密切观察患者的生命体征，随时准备在患者出现危险时进行抢救。

3．住院病房交接班　住院病房的交接班有两种情况，一种是夜间及节假日交接班，另一种是医师变更交接班。接班的医师对上一个班次患者的诊治情况不甚了解，特别在患者病情处于急、危重的时候，治疗医师的更替会带来更多的危险因素。

因此，医院应制定相关规定，夜间及节假日交接班时，交接班医师必须在交接班簿书写交接班记录；医师变更的交接，必须在病历上书写交接班记录。对急、危重患者，除书写交接记录外，医师必须进行床旁交接。床旁交接可以让接班的医师更清晰地了解患者目前的诊治情况、上一班医师的诊疗思路，更快的进入诊疗状态。

4. 节假日及其他特殊时期　节假日（特别是“五一”、“十一”和“春节”长假期间），以及科室组织员工“春游”、“秋游”、各种节日会餐等期间，病房值班人员相对较少，技术力量薄弱，存在医疗安全隐患。

因此，医院所有科室在节假日期间，必须建立人员紧急替代制度。值班的医务人员在出现突发情况，而现有的值班人员人力资源不足，或值班人员的技术能力不足以解决问题时，要清楚通知谁到医院赴援；同时，节假日休息的人员，清楚自己那一天不能外出，要随时准备赶赴医院增援。具体的做法是：各科室除了排好节假日值班以外，还要排一个节日人员替代的值班表，将替代人员的有效通讯方式及人员替代值班表留在医师值班室和护士站。

建立人员替代制度意义重大。在许多医院都有主任或主任医师“听班”的习惯，科室出现紧急情况由值班医师呼叫“听班”医师。这种“听班”的医师往往人数较少，甚至参与听班的只有主任一人。没有听班任务的医师在不值班时，则可以轻松地享受休息时光。这种情况很普遍。这种“听班”习惯有许多弊病，比如，听班医师人数少，只要医院有情况就与这少数的医师联系，而一年365天（即使是节假日）都保持应急状态对什么人都是困难的。而人员紧急替代制度则不同，人员紧急替代是每个科室人员在节假日都有值班和替班两种工作状态，在这两种时候，工作人员必须在岗或保持应急状态，没有排班的职工可以放心的休息。相当于给每个节假日排了个“双班”，而不是仅有一组人员值班，在需要增援时，只能由主任顶替。

二、各级医务人员的高危因素及管理

医务人员从事的是高风险的职业，各级医务人员都不可能避免风险。尽管如此，不同的医务人员其风险值还是有着很大区别的。

（一）“准”医务人员是高危因素

实习医师、见习医师和进修医师都属于“准”医务人员。这些人员最大的特征是不具备合法的行医资质。实习医师是医学生成为医师过程中必不可少的环节，作为实习医师，尽可能多地参与临床活动可以学习更多的临床知识，奠定坚实的基础，这对今后从事医疗活动有着重要的意义。但是，由于实习医师的知识有限，没有临床经验，在参与诊疗活动时存在着风险及隐患。有的医院由于医务人员不足，第一年住院医师经常独立从事医疗活动。第一年住院医师获得了医学院校的毕业学历，成为医院的正式职工，但是，由于他们没有获得执业医师资格，而不具有独立行医的资质。进修医师虽然在其所在医院有着独立从事诊疗活动的资质，同时又有一定的临床经验，但是，在其进修的医院内没有合法的行医资质，再加上这类人员对进修医院内部情况的生疏，依然构成了此类医师的高危因素。

对实习医师要严格按照教学医院带教的有关规定，由带教医师规范地指导其从事诊疗活动。在实习医师从事一些临床操作的时候，带教医师应该选择适当的病例，同时必须手把手地指导；第一年住院医师和进修医师不能独立从事诊疗活动，对他们，医院要严格按照《执业医师法》的规定，由医师指导他们工作。

（二）低年资医师是高危因素

低年资医师由于医疗知识薄弱，临床经验欠缺，风险意识不足等原因，成为高危因素。

因此，医院不能安排低年资医师在必须经常独立从事医疗活动的岗位，如门诊、急诊或会诊岗位工作；对有创检查和治疗，严格把关，建立合理的技术准入制度。

（三）各种特殊类型的医务人员中的高危因素

1. 出现医疗纠纷较多的医务人员　医院内发生医疗纠纷有这样一个规律，即80%的医疗纠纷发生在20%的医务人员身上。对这20%的人员，医院应该加强管理，如限制这类人的执业范围，调离危险岗位，降职使用等等。

2. 新调入的医师　由于医院对新调入医师缺乏了解，同时新医师对医院的环境、工作程序也是陌生的，新调入医师存在着高危因素。对这类医师，医院要进行充分的考察后再慎重使用。

3. 个人私务处理不当的医师　医师家庭内部出现问题，医师与医院发生纠葛，如晋升职称未果、升职受阻、与科主任发生冲突等，都会影响医师在诊疗活动中的状态，造成医疗安全隐患。医院对这类医师要投以更多的关注，必要时，应该暂停他们从事高危的工作，或避免他们独立从事高危的工作。同样具有高危因素的医师还有：出现医疗事故或医疗事故正在调查处理过程的医师、健康状态欠佳的医师等等。

保障医疗安全的重要前提是识别高危医疗环节和医务人员中的高危人群，并对这些高危因素采取有效的干预措施，只有这样才能真正的降低医疗风险。

三、不同的患者人群中存在的高危因素

（一）没有家属陪伴的危重患者

在门、急诊的诊疗活动中，经常有病情复杂、危重，却没有家属陪伴的患者。在我国现有的门、急诊条件下，医务人员致力于繁重的医疗工作，对患者很难尽到足够的关注义务，这

种缺憾往往由患者家属弥补。患者没有家属陪同下，危险程度必然增加。

（二）醉酒的患者

醉酒的患者由于酒精的作用使患者感知能力下降，掩盖许多清醒状态下应该能够感知的不适，为医务人员正确了解病情增加了难度。

（三）合并多种疾病和损伤的患者

随着医疗技术水平的不断提高，医学各专业细化成了必然趋势和发展方向。应该承认这种专业的细化是一种进步，但是，专业细化带来的负面效应也逐渐突显。在遇到多种疾病并存时，医务人员受专业知识的限制，诊疗思路仅仅围绕自己的专业，容易对本专业以外的疾病造成漏诊。另外，多科室联合诊治患者时，在配合上也常有不尽如人意之处，对复杂疾病特别是危重的复杂病例多个科室互相推诿的现象，在医院中并不少见。以上种种原因增加这类患者的危险程度。

（四）其他患者

在医院中经常遇到社会上无业的患者、有过被公安机关刑事处罚经历的患者、对社会有偏见甚至仇视社会的患者、与就诊医院有过冲突的患者等等，这些人群不管病情如何都是“高危”患者。医护人员不能用通常的诊疗思路和习惯接待这些服务人群。

例 4，某男，45 岁，因醉酒交通肇事被交警送至某医院。患者右眉弓有一皮肤裂伤。因为醉酒的原因，患者不配合检查，甚至对靠近他的医务人员进行辱骂、推搡，接诊医师是一名进修医师，安排一个床位让患者醒酒，在病历上记录了患者的简单病情，并写上“自然醒酒”。患者没有家属陪伴，接诊医师从其手机中查到家属的电话，通知家属到医院。当患者家属于 2 小时后到达，医师准备处置眉弓处的伤口时，患者突然意识丧失，心跳、呼吸停止，虽然经过 3 小时的心肺复苏，仍然没能使患者生还。在这个医疗过程中，存在着诸多高危因素：进修医师、醉酒患者、没有家属陪伴等等。

在对医疗过程中的高危因素的处理过程中，有效地识别高危因素至关重要。其实在很多情况下，对可能出现的高危状态进行合理的处理难度并不是很大，出现严重的后果主要是因为麻痹大意。

（刘小雨）

注重医疗细节　防范医疗纠纷

医学是为病人治疗、康复疾病、并延伸到预防、保健的科学，其技术性极复杂、科学性极强，人文精神要求极高。每个人从出生到离开人世的漫长人生道路上，难免会罹患各种躯体疾病或心理疾病，因此几乎每个人都会在人生的不同时期与医院发生关系。当一个人生病时，疾病给他带来痛苦，他对医院的期望值极高，盼望能立刻治愈疾病。一旦诊断不明确，或治疗无效时，医师没有像他想象中那样帮他消除病痛，他和他的家属肯定不满意、不理解，通情达理者会提意见，情绪失控者则会采取不同的粗暴的举动甚至伤人，引发医疗纠纷，影响社会和谐。

一般来讲，手术各科室风险大，是医疗纠纷发生率最高的科室，其次是内科领域，因为内科包括心内科（心脏和血管）、神经内科（脑和周围神经）、消化内科（食管、胃、小肠、大肠、肝、胆、胰腺)、呼吸内科（肺和气管、支气管)、血液内科（血液、淋巴和骨髓)、肾内科（肾、输尿管和膀胱)、内分泌科（全身内分泌腺)，还有相对应的急诊科。前面7个科室，诊治范围包括了身体内部（除男女性生殖系统外）所有脏器。急诊科则是急性病求治的第一关。除外伤由手术科室直接接待，其他属于各种内脏器官的急病，大多由急诊科或内科领域的各科接待，通过详细询问病史、物理诊断、化验检查，及必须的特殊检查，取得第一手资料，经过综合分析，运用医师的临床经验，去粗取精、去伪存真，用鉴别和排除的方法，得出某个病的初步印象，制定治疗方案，在治疗中进一步验证初步印象是否正确，或许还要修改，甚至推翻原有的诊断，确立新的诊断。诊疗过程要遵循实践，认识，再实践，再认识，最后才能正确。在整个诊断链中，哪一环负责的人有一点差错、失误，都会影响诊治的正确性。同样是上腹部疼痛，年轻大夫肯定会想到胃在上腹部，诊断胃病，可能是溃疡病或胃炎，但有时，有病的器官恰恰不在腹部，而是在胸腔里的心脏；一个因卵巢肿瘤“蒂扭转”的妇科患者，来急诊告诉医师自己是上腹痛，卵巢位于下腹部，卵巢肿瘤“蒂扭转”应该是下腹痛，这种少见、不典型症状的患者，对一个经验较少，在第一线接待患者的急诊医师，很难要求他们对各科的特殊病都会鉴别。所以，在医疗中，诊断、治疗的过程，是团队合作的结果。内科领域各科，尤其是急诊科承担着很大的风险。下面一个实例表现出了医疗问题的复杂性，医疗是否有过失？是延误诊断？是不是医师不负责任？

例1，有一位44岁的女性，因上腹痛3小时到某基层医院急诊科求治。患者呈急性病容，痛苦面容，但体温正常，心率72次/分钟，血压100/70mmHg，心、肺无异常发现，腹部平软，上腹部无压痛，反跳痛（–)，住院医师初步印象为“腹痛待查”。由于患者的痛苦与客观检查“无阳性体征”反差太大，为负责而请上级主治医师会诊，主治医师再次问病史，上腹痛呈持续性，进行性加重，不伴有胃灼热、反酸、呕吐、呕血，疼痛不向他处放射，亦无心悸、气短。平时月经规律，末次月经于10天前已干净。主治医师的会诊目的，是要证明是否为心脏病、溃疡病及与妇科有关的腹痛，由于没发现可供诊断的证据，只能按“上腹痛原因待查，溃疡病可能性大”，给患者注射“654-2”10mg，并口服抑酸剂，让患者留观，以便得到病情发展的线索。3小时后观察发现，患者有贫血貌，急查血常规，血红蛋白71g/L，此时血压仍为正常，患者怎么会突然贫血呢？体外并没有出血，体内是哪个部位出血，不得而知。腹痛与内出血可能有联系，医师认为以溃疡病合并上消化道出血可能性最大，但患者既不呕血、又无便血，想到胃肠道内的出血可能性最大，有可能血还留在肠道内，还来不及排出体外，只好做肛门指检，希望能取出少许大便查潜血，但结果大便潜血（-）。消化道出血的证据缺如。怎么办？病情又紧急，不能再等待，经请示上级同意，组织内科、外科、妇科三科共同会诊，妇科医师进一步追问末次月经的情况，患者才说出，末次月经持续只两天，量很少。此时检查，心率为128次/分钟、血压86/60mmHg，腹部移动性浊音（+），印象改变为“内出血原因待查，宫外孕破裂可能性大”。经妇产科医师检查发现宫颈着蓝色、阴道后穹窿穿刺证实为血性液体。才明确了“宫外孕破裂，失血性休克”的诊断，立刻配血，行急诊剖腹探查。术中见右侧输卵管壶腹部妊娠破裂，引起腹腔内大出血，出血量3000多毫升。术中结扎出血部位血管、输血、抗休克后，病情逐渐稳定，最后虽痊愈出院，但家属提出问题：①我们来诊很及时，为何8个小时后才明确诊断，以致延误治疗？②如能及时诊断，不至于造成失血性休克，病人的命都差一点没了，医院应承担后来抢救的责任；③患者生命虽得救，但元气大伤，应负担出院后的身体营养、精神伤害、误工等各种费用。医师们觉得很委屈，认为自己是千方百计诊断和抢救，成功救治了此患者，怎么反而有错？原来医师只忙着寻找诊断依据，而在病情进展的过程中，每一次上级会诊、三科联合会诊时，都未及时告知家属，家属不了解诊断是那样困难，出血部位不清楚，动手术从那里下刀呢？后来，通过进一步沟通，当家属了解全过程后，打消了要求赔偿的错误要求，不但不再埋怨，反而感谢医院。由此可见，医疗过程的复杂性和纠纷的难以避免。

一、医疗纠纷的难以避免性

（一）疾病千变万化，医师的经验是有限的

要想得到最佳的治疗效果，其前提必然是正确的诊断。要区分是小病、还是重病；是常见病，还是罕见病、疑难病？是内科系统病还是需要手术治疗的病？是心理疾病还是躯体疾病？这诊断的第一关，首当其冲的往往是内科或急诊科医师。通常认为内科系统医师应该是具有丰富的临床经验，诊断和鉴别诊断的能力较强。通过在每一次临床实践中的考验，积累了比较丰富的经验。如果一个医师每天平均看30个患者，1年按300天计算，要看9000个患者；10年看9万患者；20年看18万人；30年看27万；40年工作经验的医师大约接待过36万患者。医生中每个人都是从经验不丰富的年轻医师，到有经验的高年资医师，在几十年的医师的生涯中，肯定为数十万患者治愈了疾病，缓解了伤痛，挽救了患者的生命。但哪怕有几十万分之一的考虑失误，对于患者不管是难以避免的还是可以避免的，都将造成百分之百的后果，导致医患之间的纠纷。

医学是高风险的学科，医师看的患者越多，考虑问题越全面，每一次的诊疗对医师来说，都是一次考试，医师的担心也越大。所以老医师们对于看病，不敢有一丝怠慢。难怪我们的老师吴阶平院士、裘法祖院士都曾告诫我们，医师是神圣的白衣天使，医师在工作中一生都是“如临深渊、如履薄冰”。因

为，医师从医的过程中，会碰到不少疑难的病例，这些疑难病例有的是从来没见过的罕见病，如2003年的“SARS”。也有很多的病，初期表现不典型，有的初期表现像“上呼吸道感染”，随着时间的推移，其真正病的特征才表现出来，可能是肺炎、大脑炎、脑膜炎；有的初期表现为上腹痛，数小时后疾病的特有现象才显示，可能是急性心肌梗死、急性阑尾炎、急性胰腺炎，甚至是胃穿孔。像上面的病例，本是宫外孕破裂，应该是下腹痛，患者却诉说是上腹痛；来诊时已有腹腔内出血，由于出血量是由少而多，所以初期，既无贫血的表现，更不会有失血性休克的体征。一个住院医生考虑她是腹痛待查，而且又请上级医师会诊，还组织了多科联合会诊，是很负责的。任何疾病的症状都有一个暴露过程，医师必须得到此种病症的特有表现才能确诊，因此在发病早期，病的特征尚未表现出来时，有经验的医师往往会告知患者或家属，现在还难以确诊，只是发热待查，（或腹痛待查）如有情况，随时再来急诊。这正是说明很多病在早期诊断的复杂和困难。

医学是一门经验科学，年轻医师和高年资医师经验的积淀绝对是不同的，由于年轻医师没有经历过教训，他的临床思路决定他不可能在鉴别诊断上想得那么广泛，有时会忽略告知患者或家属“如有情况，随时再来急诊”这句话，导致患者或家属对病情发展过程缺乏重视而延误就诊，甚至延误诊断。就医的患者和家属对上述情况也应有正确的对待，有责任加强对自己病情的重视，以便配合医生共同把握疾病的表现，有利于尽量做到早期正确诊断。

上述案例的不足之处是内科医师在问末次月经的时候，不够细致，他只了解到10天以前月经刚干净，而没有进一步问上次月经的量和时间是否和以往一样。因为，当宫外孕时，有的患者也可以来月经，只是量少，这种特殊的情况，年轻的内科医师，不一定掌握。这是技术水平的问题，不应该责怪他们。好在留下观察3小时后，发现新的情况，即患者出现贫血，医师抓住这个线索，在认真做肛查取得大便潜血（-），排除消化道出血可能性后，想到应排除妇科疾病，才得到确诊的证据。从该患者整个就诊、上级医师两次会诊，及三科联合会诊，获得正确的诊断，采取积极的抢救和手术治疗过程中来看，医生是尽责的，医疗行为不存在过失。如果在每个环节中的告知做得尽善尽美，家属应该体会到，正因为医师对患者的细心观察和及时诊断、积极抢救，才使一个病情极不典型的重患者，得以明确诊断并挽救了生命。

（二）每个患者的个体解剖和感觉的差异

不同年龄的人，得同一种病，表现可完全不同；不同的人患同一种病，表现也可迥然各异。同样是发生低血糖，一般人表现心悸、饥饿、出大汗、哆嗦，而老年人却无症状，或者在不知不觉中昏迷。由于同一种病的临床表现差距那么大，要求年轻医师都要掌握，确有困难。有时，很有经验的老医师也会遇到临床表现特殊的情况，一时很难确诊，不过，老年医师往往会重视这种情况并且告知患方。这种及时告知真实情况，充分尊重患方的知情权的作法，可以减少不必要的纠纷。而年轻医师有时一忙，容易忽视详尽的告知。如果患者或家属不理解，则难免引起纠纷。这种情况在临床诊疗工作中经常发生，有时由于工作紧张（如在急诊室抢救中），就有可能疏忽与患方的沟通，造成对患方知情权的尊重不够，不免引起纠纷。前面所讲的就是这样一个例子，医疗过程没有错，只是诊断需要有一个过程，医师未及时与患者及其家属沟通，抢救成功了，病人家属反而状告医师延误诊断和治疗。反之，也有少数患致死性急性心肌梗死合并严重心律失常、心源性休克、心力衰竭的患者，经医生多次全科大讨论制定抢救方案，医师实施抢救方案过程又极细致、负责，最后患者未能救活。但由于良好的沟通，家属充分了解医护人员多次把患者从死亡边缘上救回来的艰难，医师们和家属共同在为病人生存而搏斗的过程中，已尽了最大的努力，而且，他们知道，尽管同样是心肌梗死，90%左右的患者能救活，但是，他们的亲人，却无法起死回生，只能用个体的差异来解释。即使患者去世了，家属也能理解，并发自内心地感谢医护人员。

个体解剖的异常，也会给诊断治疗带来困难。例如，一般人心脏在胸部的左侧，肝在右上腹，个别有“先天性内脏大转位”的人，心脏在胸部的右侧、肝在左上腹部，给疾病诊断带来很大的困难，年轻医师如果没有见过这种患者，往往是想不到的。

很多情况下，患者及其家属对医疗过程不够理解，以为任何病都可以治好，对治疗抱有过高的希望，有时错误地认为医生应该“妙手回春”。由于医学中的未知数太多，不能解决的难题很多，目前有些病还治不好，有些病到晚期，医师也处于无奈的困境，特别是高龄老人如有复杂的基础病，生命变得极其脆弱，疗效可能很不尽人意，达不到预期目的，少数甚至会留下后遗症。有时情绪变化、患上常见的小病或摔了一跤，就可能猝死。此时，家属难以接受突如其来的事实，提出一系列质问，不理智的人，会搅乱医疗环境，甚者施暴于当事人。

（三）医疗分科的局限性与医德

引起医疗纠纷的另一方面是医护人员太自信。目前，随着科学的高速发展，人对自己的能力越来越自信。这无疑是社会的进步，但显现出另外一个极端，就是人们过于相信自己、藐视一切。一些医务工作者，在无形中变得浮躁，思维不够缜密，以至在诊断治疗和护理中出现一些疏漏，该请上级或兄弟科室会诊，也错误地认为自己什么都行。其实，每个人的知识面及经验都是有局限的，一个整体的人，在医疗中分为内、外、妇、儿、眼、耳鼻喉、口腔、中医等科室，随着学科的发展，内外科等科室又分成7～8个亚科，骨科的医师不容易知道泌尿外科的病；神经内科的医师不容易诊断心脏病。但是患者有病，根本不清楚自己应该去那科就诊，一旦选错了科室，就容易引起诊断的错误。如一位老年患者，既往曾患脑梗死，突然头晕、恶心、呕吐，家属首先想到可能又发生脑血管病，立即去神经内科急诊，接诊的医师也会自然地想到首先要排除再发脑梗死，嘱咐患者家属带患者去做 CT 检查，想不到患者会在去做 CT 过程中猝死。这种情况，既不能怪医师有过失，更无法怪患者和家属，这只是一种意外。所谓“意外”，是指意料之外，谁也想不到，也不易预测。当然病人的猝死可以发生在任何时候。有时在家看电视时、进餐中、洗澡时，行走中，甚至睡眠中突然死亡，家属对亲人突然离去，心里无法接受是可以理解的。但死在医院检查过程中，家属说什么也不会理解，必然指责医院。退一步说，如果躺在诊察床上医师正在听诊，发现突然心脏停跳，在旁边的医师护士积极抢救，多数也很难使患者免于猝死。

由于医师经验和技术水平是有局限的，而临床实践的需求又是广阔无边，供求间有如此大的反差，如果医师不能把患者当亲人看待，缺乏起码的医疗道德，导致治疗失败甚至误诊，发生医疗事故，引发可以避免的并发症，必然会造成患者或家属不满，产生医疗纠纷。这种情况屡见不鲜。医疗管理部门应加强对于医护人员医德的教育，树立把患者当亲人的良好医德。

二、内科及急诊的风险及医疗纠纷防范

下面列举了几个案例，希望能引起医务人员的注意。

（一）未注意医疗细节，导致病人死亡，造成医疗事故

医疗常规中的每一个环节都没有小事，绝对不允许疏漏，而少数年轻医师恰恰犯了这类禁忌，他们总认为某个细节可做也可不做，一偷懒，成为千古恨。

例 2，未测量血压延误抢救时机，致使患者死亡：患者，

女、26岁，妊娠28周。于某月凌晨1时因阴道流血不止，到某地医院急诊科就诊，护士请某主治医师接诊，该医师问病史并检查后，开了一些止血药，就让家属带患者走了。大夫对一个大量阴道流血的孕妇，既未测量血压，又没让患者留观。7小时后，患者因阴道流血不止再次被送来急诊时，血压已测量不到，处于重度失血性休克，此时开始积极抢救，吸氧、加压输血、输液、抗休克治疗，终因抢救无效而死亡。因为对大出血患者未测血压，不能及时发现患者早期可能已有失血性休克，贻误了抢救患者生命的时机，医师的过失违反医疗常规，直接造成患者死亡，因果关系明确，法院判定为一级医疗事故、该主管医师被判处有期徒刑两年。可怜当时的医师才30岁，医师的生涯才开始，此后一生未能再做医师。众所周知。医师护士，没有不会测血压的，所以不是技术因素，当时只图省事，没测量血压，想快点处理完患者可以去睡觉，想不到酿成患者死亡的大祸，追悔莫及。希望这样血的教训，能引起同行的警惕。

例3，未做心电图，造成冠心病漏诊，患者死亡：女性患者，62岁，因突发上腹部疼痛半小时，于凌晨两点半到某医院急诊。值班主治医师问病史，家属称“既往有胃病”，医师检查患者腹部，未发现急腹症的阳性体征，误认为可能是“胃病”复发，给予654肌内注射，还开了洛塞克以治疗溃疡病，就是没想到应做心电图以排除冠心病，或者请患者留急诊观察，通过动态观察以明确诊断。当时医师开完处方后，就忙着给其他患者诊治。万没想到，家属带患者刚离开医院20分钟，患者在出租车内死亡。家属将患者拉回医院后，大骂医师，还要打人，并不断到医院寻找当时的医师，要打他才能出气，医师只得经常躲避，不得安宁。此案例后来向法院提起诉讼。专家们分析这种情况，有医师的技术水平不高的因素，年轻医师对腹痛需要与心肌梗死鉴别缺乏经验；也有不够细心的因素。

总之，患者的死亡与医师未做心电图的过失确实有关，漏诊了冠心病，使心肌梗死的抢救，丧失了时机。做心电图本是一件极小的事情，疏忽了做心电图这一细节，失去了一个人的生命。应该认识到，对老年人上腹痛的患者，临床诊疗常规中，强调了必须做心电图这一细节的重要性，虽然心电图不能完全确诊心肌梗死，对可疑重患者，还要让患者留观，观察心肌酶和心电图的动态变化。血的教训应引起同道的汲取。

例4，内科护士未做到“三查七对”，打错针致使患者死亡：某院病房5床患者张某，患急性化脓性扁桃体炎，医嘱开的青霉素800万单位溶于5%葡萄糖液中静脉点滴。同屋4床患者王某，患泌尿系感染，应用氧氟沙星200mg静脉点滴。护士未仔细查对床号、姓名及药品种类等，给应注射氧氟沙星的4床王某，青霉素800万单位溶于5%葡萄糖液中静脉点滴后回到护士站，自己并未发现错误。王某既往有青霉素过敏史，此次被误用青霉素后10分钟，出现过敏性休克，因抢救无效而死亡。这无疑是属于一级甲等医疗事故，其发生原因中没有技术因素，只是责任心不强和粗心，是未履行“三查七对”的小疏忽，导致患者死亡的大事故。人死则不能复生，该护士一生的后悔，也不能换来患者的再生。

例5，在急诊室发生过敏性休克，患者摔倒引起脑疝致死：患者，男，62岁。患肝炎史20年，肝硬化8年。为排除肝癌，在医院接受CT检查后回急诊室，诉头晕、全身发痒，急诊护士嘱他休息，怕他有肝硬化易发生低血糖，给他喝糖水，又怕他出现过敏，准备注射苯海拉明抗过敏时，患者从座椅上摔倒，左侧头部着地，随即昏迷。1小时后全昏迷，CT提示膜下出血考虑脑疝。请神经内科、传染科紧急会诊，采取补液、升压、降颅压、保肝等抢救均无效，11小时后死亡。家属认为患者是在医院摔倒致死，医院有过失，要求赔偿。其实患者在CT室注射造影剂后发生过敏性休克，护士已想到是过敏，准备用药治疗，只是没想到休克来得那么快，如果能及时将患者扶到床上躺下，患者就不至于摔倒，也许不会出现脑外伤，引起脑疝而死亡。遗憾的是对将患者扶到床上的这个细节，医护人员没想到，没做到。

例6，地高辛发药剂量大10倍，引发肺梗死：老年女性80岁，患脑栓塞伴房颤住院，因心率126次/分钟，需用地高辛0.125mg（半片）QD，护士“三查七对”不细心，将地高辛发了1.25mg（5片），剂量错误的扩大了10倍，护士意识到自己发错药，立即报告医师，为免于因地高辛引发致命的心律失常，只得冒着生命危险给老人洗胃，洗胃的过程，又造成患者继发了危重的肺梗死，经千方百计抢救，患者虽免于死亡，但延长了住院时间，增加了患者的痛苦，病人要求赔偿数额也是意想不到的巨大。

例7，测量血压的上臂，“松紧带”忘记取下，引起事故：患者，女，55岁。某日因尿毒症在血透中心进行血液透析治疗，患者提出动静脉瘘穿刺后，测量血压的袖带，有4小时未被护士松解。由于上臂袖带的压迫，造成左腋静脉、上臂深浅静脉管腔扩张、左锁骨下静脉流速增高，给患者造成损害而引起纠纷。患者先后去三家知名的三甲医院做血管超声5次、CT 2次、深静脉及动脉造影各1次、“人工瘘带戒手术”3次等，花费很多钱，还给患者带来许多痛苦，这完全是疏忽，可能被认为是为四级医疗事故。

（二）病情重已告知，但强调不够，引起纠纷

例8，病情恶化未及时告知：3岁男孩，因高热、贫血，初步诊断为上呼吸道感染收住院。入院时心率126次/分钟、呼吸30次/分钟。体温38.5～42℃，患儿第三天出现意识模糊、抽风，血压70/50mmHg，血培养：大肠埃希菌。后诊断为感染中毒性休克（病因可能是中毒性痢疾？脓毒血症）。血小板从200×10^9/L下降至90×10^9/L，考虑为休克合并弥散性血管内凝

血。住院期间大会诊3次，经积极抢救，患儿第7天脑死亡，17天呼吸心跳完全停止，宣布死亡。家属很不理解，认为孩子是上呼吸道感染住院的，怎么就死了呢？非要讨个说法，因此提起上告。站在医师立场上这是很容易理解的，前面已经提到，很多感染性疾病，在初期经常表现为类似上呼吸道感染，我们的认识和诊断应随着疾病暴露的过程而转变，关键是医师应该把疾病诊断的转变过程及时、郑重告知家属，因为家属应享有对疾病转变过程的知情权，这就需要医师对家属多次及时的履行告知义务，如果告知的确不够，就侵犯了患方的知情权，必然引起纠纷。该案例正发生在长假期间，虽然随着病情的恶化，诊断和抢救工作是及时和正确的，但上感转脓毒血败血症的过程中可能告知不够到位，引起家属要求巨额赔偿的大纠纷。

例9，一天未输液，没告知原因，要求赔偿人民币108万元：老年男性患者，80岁，患尿毒症、高钾血症、陈旧心梗、心衰、陈旧脑梗，被送至医院急诊时血压80/40 mmHg。治疗过程中，两次查血气及血生化，［血 pH 7.06，剩余碱（BE）－22.7mmol/L］显示有严重的代谢性酸中毒。给扩容、纠酸、升压等治疗，一般情况稍有好转。因肾功能不全，请肾内科会诊，该院肾内科主任认真检查后认为，患者病情重，需要收住院接受血液透析治疗，并将病情的严重性告知家属。但在送病人去做肾核素扫描过程中，搬动病人时输液渗漏到皮下，医护人员便将输液拔去了，想到其后要住院，又将搬动病人，便想索性等住院再输液。患者还没来得及办完住院手续，在急诊室时，体温上升为37.6℃后，因发热，病情又重，不敢搬动患者住院，只能在急诊室继续抢救，谁知道体温急剧上升至39.5℃，终因呼吸循环衰竭而死亡。家属找来20名彪形大汉，到医院质问为何停了一天未输液，导致患者死亡，要求赔偿人民币108万元，搞得医院没法工作。经了解，该院急诊医师在治疗过程中对病人很负责，不仅治疗正确，做了两次查血气及血生化，还完成了核素动态肾显像，这是一般急诊科不容易做到的。但24小时没有输液，是因为液体外渗？或又要做特殊检查？还是等患者家属去取钱而耽误了入院手续等等，病历上均无记录。尽管患者是由于病情太重导致死亡，病情的严重性虽也告知，但恐有强调不够的可能，加上一天未输液的原因，缺乏书面举证，在解决医疗纠纷中，使院方处于不利地位。这个案例是由于病历记录的"细节缺乏"，导致正确救治了患者反而处于被告地位。

例10，化验单取回，医师未核对，治疗正确也没理：78岁患者，因腹痛伴腹泻两次、呕吐两次，继而发热，去某医院看急诊，初诊"急性胃肠炎"。患者原有高血压病、冠心病、心功能Ⅲ级。急诊医师针对急性胃肠炎给予静脉输液加抗生素、适量胃肠解痉药。12小时后，患者病情突然加重，抢救无效，瞬间死亡。尸检：肠道感染、心衰、心梗、陈旧脑梗。按理说，医生对患者本次急诊急性胃肠炎的诊断和治疗无过失，可为什么还有纠纷呢？问题出在：家属拿错一张别人的大便化验单，交给医师后，医师没有核对化验单上的姓名不是这位病人的，虽然此化验单报告也是大便中有白细胞，但是家属揪住医师用别人化验单的结果来治疗他父亲的病，没完没了，要求赔偿的数目真不少，要赔偿人民币40万元。其实，应该将此患者有多种严重的病，随时有猝死的可能，即使小小的胃肠炎，也可能有生命危险的情况告知家属，使家属有思想准备。这样可能就不至于引发那么大的矛盾。患者的死亡是由于基础病的突然恶化，医生对急性胃肠炎的治疗并无过失。可见，告知、强调不够，找来麻烦可不得了啊！

例11，病历上未写明肾功能不全，被告上法庭：38岁女性患者，高血压8年，于某医院查出尿蛋白（+++），到某大医院肾科门诊求治。肾科医师认真全面检查后，开出全面肾功能检查。但是8天后看结果时，另一位医师接诊，面对血肌酐220μmol/L、BUN 11.01mmol/L、24小时尿蛋白定量3.14g、尿红细胞1~6个（高倍）、血红蛋白71g/L、24小时肌酐清除率21.82ml/min、双肾B超诊断双肾弥漫性病变的结果，没有解释和告知。针对血压220/120mmHg，病历上只记录有高血压，开了降压药，没有明确告知患者有严重肾病。8个多月后，再去该院肾内科就诊时，复查结果显示：肌酐从220μmol/L升至591μmol/L，BUN从11.01mmol/L上升至29.22mmol/L，碳酸氢根19.00mmol/L、尿常规：红细胞4~7个（高倍）、白细胞2~4个（高倍），诊断为尿毒症代谢性酸中毒。这本属于病情本身的发展，但家属认为医师没有告知"肾功能不全的诊断"，延误治疗时机8个月，要求赔偿。从病历上看，第二次大夫确实未写出"肾功能不全"的诊断，存在延误诊断8个月，属于举证不能。笔者分析，这样重的结果，医师不可能不告诉患者肾功能不全，可能由于门诊太忙，医师疏漏了将"肾功能不全"这一重要结论写在病历上，而引发纠纷。此例再一次说明，告知要写在病历上，还要让家属签字，忽略这一细节，少写几个字可能造成十分严重的后果。

例12，告知的结论绝对化：23岁，男性，医学院实习学生，因左季肋被击伤后疼痛，于下午两点去某医院急诊。医师检查后认为是皮下挫伤，告知不要紧，可以回去。3个同学反复要求照X线片，医师认为没必要。所幸患者和其同学没离开急诊室，1小时后，患者因剧痛晕倒，此时面色苍白，血压80/60mmHg，再作B超，报告腹内有液平面8cm。医师立即开放两条静脉通道，开腹探查。结果证实是腹部外伤、引起脾破裂，腹腔内大量积血。手术后患者虽得救，但状告医师严重漏诊、误诊2个小时，以致引起失血性休克才急诊手术，带来极大风险。要求赔偿人民币4万元。笔者分析，该患者脾破裂引起腹腔内出血，出血量少时，腹部体征可能阴性，初期确诊有一定难度。而是医生在检查中对物理诊断的细节注意不够，认为仅是皮下挫伤，还过于自信，听不进患者的提醒。医师在向患者告知的过程中，一定要对病情的发展留有余地，不能绝对化，一定要留有余地，要告知当什么情况下需要随时再来急诊，以免延误诊断。

例 13，告知后，家属未签字而引起纠纷：35 岁、女性，因心悸、气短、烦热、多汗，诊断甲状腺功能亢进，服硫氧嘧啶后，白细胞减低，某院内分泌科医师接诊后告知："因白细胞太低，暂时不能开治疗甲亢的药物，一周后再来复查，如白细胞恢复，再开药"。结果，此患者未来复诊。因 3 个月未用药，患者"甲亢"的症状急剧加重，导致心脏病发作，到另一家医院住院治疗。病人的治疗经历了一段弯路，要求赔偿。有关部门经查证，发现门诊病历上有上述告知内容，却没有患者签字，而患者本人否认医师已告知的事实。此案例表明，向患者或家属的告知，需要有患者或家属签字才能生效。否则，仍属于举证不能，使医院在医疗纠纷中处于不利地位。

在我们的医疗工作中，由于不重视医疗、护理细节而导致医疗事故或医疗纠纷的情况时有发生。因此，一个医生要想自己比别人更优秀、更成功，除提高自己的医德和技术水平外，还要在每一件小事上比功夫。国内外人们所敬仰的周恩来总理，日理万机，决策大事，而他强调的却是"关照小事，成就大事"。他一贯要求身边的工作人员尽可能考虑到事情的每一个细节，最反感"大概"、"可能"、"也许"的言语和做法，强调究竟"是"还是"不是"，出了问题谁负责。所谓海不择细流，故能成其大；山不拒细壤，方能就其高。周恩来总理重视细节的作风是值得我们每个医务工作者学习的。

（三）出了差错，应正确面对

下面是一个出了差错后，医护人员正确面对，把重点放在如何使病人的生命得以挽救，使患者的痛苦最小化的成功案例。

例 14，某医院接收了一位糖尿病肾病尿毒症患者，住院准备做透析治疗。当天，患者出现心力衰竭、心源性休克。经抢救后施行紧急血透。一位实习医师在测量血压时，错误地在曾作动静脉瘘的上臂测压。由于血压计袖带充气加压，造成动静脉瘘处的针眼渗血而没有及时发现，并发 8cm 直径的假性动脉瘤，压迫肘部引起正中神经麻痹，又因全身情况不允许及时手术。之后不断抢救心衰和肾衰，耗费了两个月。两月后，待心肾功能相对稳定时，才做了假性动脉瘤切除术。其后，麻痹的正中神经功能逐步得以恢复。住院的 3 个月内，患者曾有 3 次血压降到零，都被医护人员及时抢救了过来。患者于出院两年后，在他院急诊室死亡后，家属将医师告上了法庭。庭审中，法官调查证据发现，医院已承认医疗行为有错误（测量血压部位不当，引起假性动脉瘤，给患者带来痛苦），但医护人员用积极抢救其生命的心态和行动对待患者，且在患者生命垂危时，3 次把病人从死亡线上抢救过来，整个过程中病历书写详尽，其中有 26 次向家属告知的记录，不能手术或不能透析的各种原因都已向家属交待。家属表示了解并签字认可。医护人员履行了充分的告知责任，尊重了患者家属的知情权。因举证到位，患者家属后来也无意见。

三、从源头上防范医疗纠纷的发生

（一）提高医护人员的医德，强化医师毕业后的继续教育

医疗机构管理者应加强医疗行政管理，强化医务人员的人文精神教育，加大监管的力度，使各级医护人员在工作中不断提高医德和技术水平，也应使医护人员提高法制观念，增强自律及维权意识。医师每一个诊断的正确，有赖于其对“三基”，即基本理论、基本知识、基本技能的掌握，要真正作到“三高（高标准、高起点、高要求）”、“三严（严肃的态度、严格的要

求、严密的方法)”，才是合格的医师。解放军总医院院长秦银河提出，临床医师要做到“六勤”，即勤看、勤问、勤听、勤写、勤讲、勤思”，并把“三基”扩展为“六个基本功”，即物理诊断基本功、病历书写基本功、外科操作基本功、急诊处置基本功、危重抢救基本功、临床技能操作基本功”；还指出要“提高六种能力，即善于学习的能力、勤于创新的能力、独立工作的能力、相互沟通的能力、任劳任怨的能力、科研工作的能力”。在“六勤”、“六基”和“六能”中，每一个环节都要做好。

（二）提倡透明行医、强化告知

张金哲院士最近提出：西医以前为了避免刺激病人，或引起误解，基本实行“保密行医”。今后提倡“透明行医”，使病人及家属了解疾病，了解症状，了解治疗的目的、效果，了解治疗的后果有可能成功、也可能失败，但要千方百计去争取成功；也要告知意外危险及所带来的风险及所需费用，一切解释要力争见到证据，即所谓应用“循证医学”。告知过程中，在表格式知情同意书中，对极可能发生的风险，要特别强调，予以标明。当病情有可能恶化时，要连续告知，并请家属签字，留下证据，尊重患者及家属的知情权。要掌握对于老年基础病多或病重者告知的特殊性。急诊时要强调其危险性而实行认真告知及连续告知。透明的作用，能减少不必要的医疗纠纷，促进医患间的友谊，达到互相信赖和配合、有利于提高医师行医水平，提高全民卫生知识，最终是人民大众获益。

（三）要经常警惕出错的危险时段

快下班了、快吃饭了、值夜班要睡觉、周末、节假日有约会等，这些都是医护人员容易产生差错的时段。此外，还要警惕，不佳的心情也导致容易出错：如家人有病、家庭闹矛盾，情感或经济方面出现问题、子女学习或升学遇到问题等。

（四）特别要将自己定位正确

这一点要真正做好是很不容易的，要知道，一个人的知识是有限的，在医疗实践中，不可能什么都会。而且，在科技高度发展的今天，知识在飞速更新，即使努力学习，也不可能掌握每个学科最新的进展，一旦遇到复杂的病例，要勤于向上级及兄弟科室的医师请教，集思广益地为病人诊断治疗，避免误诊及漏诊，使每个病人都能得到最佳的医疗服务。还要做到满腔热情地对待每个患者，高度的责任感会有助于医务人员为患者做好每一件事。

四、处理医疗纠纷成功案例的启示

某医院消化内科给一位青年患者做电子胃镜，取胃黏膜活检后 12 小时，患者突然休克来院急诊，当时血压为零。诊断消化道大出血，经抢救并收入病房。次日给患者禁食、输血、静脉补液维持，一切平稳。第二天晚上，无明显诱因，患者突然面色苍白，心率加快，血压又掉到零，肯定又是胃内大出血，经全科大力抢救，病情才转危为安。全科组织多次讨论，仍不清楚大出血的原因，因为胃镜检查中，没有发现患者胃内有溃疡或胃癌，也未见有静脉曲张，怎么会反复如此大量出血？由于病情尚未稳定，不敢做进一步有创的胃镜检查，决定继续密切观察病情。因大出血发生在做胃镜取活检后，患者家属认定大出血是医疗行为不当所致，与该科医师间情绪十分对立。科主任理解家属的心情，亲自向他们交代病情，并通报抢救措施。又平稳了一天，第五天下午，患者再次大出血，发生休克，血压第三次为零，考虑患者可能存在一种很少见的情况——胃内横径小动脉破裂引起大出血。由于家属对医师强烈不满，医师处境极为被动。如何改变这种对立局面？在仔细向所有家属及单位同事交代病情，取得一致同意后，准备在手术室做紧急胃镜，确定出血部位后，电灼止血，但如果出血量大，输血速度来不及弥补失血量时，患者可能有生命危险，需要急诊手术，但不能保证万无一失。经患者家属和单位同事一致同意并签字后，他们请普外及胸外医师在旁，随时准备紧急手术的前提下，将电子胃镜推到手术室。胃镜检查中，如前所料，见有小动脉在活动出血，电凝止血后，病情才真正转危为安，为预防再次大出血，次日给患者做了胃部分切除术。有人可能要问，为什么前两次不这样做呢？要知道，情况是那样紧急，医师们对胃内出血的病因，一点把握都没有的前提下，做胃镜会不会加重出血，是没有把握的，所以不敢轻举妄动。后来的措施，完全是不得已，在家属配合下十分冒险的举措，做了，有可能得救；不做，则肯定大出血导致死亡。这一案例充分说明，当医师面对罕见病时，如同在战场上一样，不能打无准备之仗，也说明医疗工作必须是团队合作才能完成。该患者胃内横径小动脉为什么会破裂呢？与胃镜取活检，有没有关系呢？可能是由于平时横径小动脉上有黏膜覆盖，胃镜下是看不见的，而活检钳取胃黏膜时，将小动脉上覆盖的黏膜夹去，使之暴露于胃液中而容易引起出血。出血与胃镜操作间有一定的因果关系。由于该科及兄弟科室间的紧密合作，挽救了患者的生命，虽有过失，家属不仅未提起纠纷，反而要感谢医院。可见有差错后的弥补性抢救以及不厌其烦的中肯告知多么重要。

差错发生在忽视细节，1%的错误导致100%的失败。成功取决于集体合作，将每个小事当大事来做，做好每个细节，小事汇总能成就大事。细节能成就完美，医疗的高水平，是细节积淀后巧妙的集体体现。医务人员做好每一件医疗、护理和技术的事情，重视每一个细节，可使医疗纠纷和事故的发生率减少到最小，即便发生了医疗失误，医院正确面对，各科室应通力合作，而千万不能互相推诿，以减少患者的痛苦甚至挽回生命，使病人得到最优质的医疗服务。

和谐的医患关系是社会和谐的主要内容之一，也是社会和谐永恒的主旋律。为防范医疗纠纷的发生，首先要从医护人员自身做起，还要使社会群众了解医疗过程的复杂性和高风险性，从而理解和配合医院，更好的完成医疗服务，共同营造良好的医疗环境、促使医疗水平不断提高，为贯彻党中央提出创建和谐社会，尽到医务界的最大努力，使广大人民获得最大的利益。

（袁申元）

内科常见医疗纠纷的防范

传统的内科医疗工作是以药物治疗各种疾病。相对于外科手术治疗疾病“立竿见影”的效果，内科的医疗过程多数缓慢而平和，所以医疗活动中产生的正、负效应也往往不那么“一目了然”，患者及家属对医疗过程中的各种措施是否得当通常很难提出疑问，多数医疗纠纷常因对医护人员的服务态度不满意引发。但事实上，内科医疗工作中同样存在大量引发纠纷的隐患。随着我国社会经济的发展，患者及其家属维权意识的提高，医学知识的普及，以及医疗纠纷中法律专业人士的介入，近年在内科范围的医疗纠纷案例中，出现更多的是患者及其家属对医疗过程中医护人员是否存在违法、违规提出质疑。应该说这是社会的进步，也是社会向医护人员提出的更高的要求。众所周知，医疗工作本来就是一项高风险的工种，医护人员每天面对的是大量的各种各样的患者、纷繁复杂的疾病，完全不发生医疗纠纷几乎是不可能的。然而医疗纠纷一旦出现，不仅可能给患者及其家属带来痛苦，给社会增加负担，也会牵扯医护人员的大量精力。因此，尽量减少医疗纠纷的发生，是维护医患双方共同利益所需要的。

那么内科医疗纠纷有哪些特点？在日常工种中应如何防范呢？

一、内科急诊是医疗纠纷的高发区

急诊室是各级医院中医疗工作的高危区，也是医疗纠纷的高发区，内科急诊更是首当其冲。患者病情紧急且严重，病员流动性大是急诊医疗工作的特点，急诊医师如不能正确判断、及时处理，就会产生严重后果。

例 1，一 80 余岁老人，因发热 38.1℃，去某医院急诊，血压 120/70mmHg，心率 110 次/分钟，查血白细胞正常、中性 93.7%，体格检查除咽部稍红外未见其他异常，医师给抗菌素治疗 3 天无效，第三天出现寒战、咳嗽，第二次到急诊科就诊。患者既往有高血压、糖尿病、脑梗死史。接诊医师给患者做了以下检查：白细胞 10.3×10^9/L，中性粒细胞 88.6%；心电图示窦性心动过速，非特异性 ST－T 改变；胸片提示肺部少许炎症。医师给患者更换了高一级的抗生素静脉点滴，同时口服退热药，4 小时后体温降至 37.3℃，嘱如病情变化回医院就诊。患者返家后 7 小时，突发喘憋，含速效救心丸不能缓解，呼叫急救车送来医院，途中患者意识丧失，至医院时患者呼吸、心跳已停止，经抢救无效死亡。家属认为医院对患者的死亡负有责任，导致医疗纠纷。

那么医院是否应对患者的死亡负责呢？按理说，患者高龄，原有高血压及冠心病，此次因发热，3 天之内两次去急诊科就诊，白细胞及中性粒细胞增高，接诊医师考虑发热原因为细菌感染并给与抗生素治疗是正确的。患者在第二次离院后 7 小时病情突然变化，并很快出现呼吸、心跳停止。死亡原因难以确定，因为患者原有高血压及冠心病，有可能是原有心脏疾病突发导致的心源性猝死。因为患者未做尸检，死亡原因不能确定，怎能断定医院应对患者的死亡负责呢？

但事实是，医院确实不能证明自己无过失。首先，患者第二次就诊时，接诊医师虽给病人做了多项实验室检查，但病历中却缺乏对病人一般状况的描写，甚至无血压、心率、呼吸等基本生命体征的记录，对一位高龄、发热3天伴有寒战的患者的临床状况显然重视不够；其次，对高龄患者，特别是细菌感染的患者，使用退热药本应十分谨慎，如果必须使用，必需密切观察病情，但病历中除记录了使用退热药后体温下降至37.3℃以外，无其他病情的记录，直至病人离院。因医院拿不出患者离院时状态良好的证明资料，所以本案虽不属医疗事故，但医院对患者的死亡不能完全免责。

例2，女，21岁，因心悸1天来急诊，接诊医师查体温37.5℃，心率160次/分钟，血压80/50mmHg，心电图QRS形态正常，诊为“阵发性室上性心动过速”，遂静脉注射维拉帕米（异搏定）5mg，药物尚未注射完毕，患者心脏停跳。因病人在注射药物中死亡，导致医疗纠纷。尸检诊断为急性心肌炎。

该例患者死亡的主要原因虽经尸检明确，但医师用药不当对患者的死亡有不可推卸的责任。首先，患者的心律失常诊断有误，其心率虽达160次/分钟，但并非“阵发性室上性心动过速”，而是“窦性心动过速”；其次，也是更重要的，接诊医师未了解到患者在2小时前曾在外院静脉注射β-受体阻滞剂。正是这一疏忽，两种药物的叠加作用给患者的心脏造成严重抑制，以至心脏停跳。

上述两个案例在内科急诊的医疗纠纷中，带有普遍意义。急诊工作由于工作强度大，医师多数还比较年轻，临床经验尚待积累，工作中难免有疏漏。有效的避免发生医疗纠纷的方法除了不断加强医护人员的责任心、提到医疗技术水平外，就是严格执行急诊工作的各项诊疗常规、病历书写规范。因为这些规章、制度都是在以往无数经验教训（有些甚至是血的教训）的基础上总结出来的。违反这些规章、制度，就容易使我们的工作出现漏洞，给患者造成伤害。上述两个案例中，例 1 的接诊医师如果按急诊工作要求，在接诊及患者离院时认真检查并记录患者的生命体征，确定患者状况良好，患者返家后就有可能不会出现意外，医疗纠纷就可以避免。退一步讲，即使患者确因心脏情况出现意外，家属提出申诉，医院也可以证明医疗过程中不存在过失，使纠纷易于化解。而例 2 中的接诊医师如果能按急诊工作规范要求，仔细了解患者的治疗经过，即使误将患者心电图的“窦性心动过速”判断为“室上性心动过速”，也绝不会犯继盐酸普奈洛尔（心得安）后再使用异搏定的错误，患者也就不会在治疗过程中出现意外。因此，严格执行规章、制度，不仅可以弥补年轻医师临床经验的不足、减少医疗失误、避免医疗纠纷的发生，而且即使医疗纠纷不可避免，也能在处理纠纷的过程中有效地维护医务人员自己的合法权益。

二、门诊中存在的医疗隐患不可忽视

门诊历来被看作是不易产生医疗纠纷的地方，但近年门诊的医疗纠纷也时有发生。

例 3，某男，58 岁，因活动后胸闷、气短 10 天在心内科门诊就诊，心电图示心肌缺血改变，先后两位接诊医师诊断心绞痛，给予扩张血管药物治疗，并准备安排患者住院进一步检查。其间症状未缓解且逐渐加重。第三位接诊医师发现病人结膜苍白，查血红蛋白仅 6.5g，追问得知患者近半月每日 2 ~ 3 次黑便，遂行胃镜检查，诊为胃部肿瘤。患者及家属对前两位医师的误诊十分不满。

例 4，女性，38 岁因“心悸、消瘦 3 个月”从山区来门诊就诊，接诊医师经过详细检查，确诊为“甲状腺功能亢进”，嘱患者服抗甲亢的药物“他巴唑，每日 30mg”治疗，患者返家后同一剂量连续服药2年，随后出现心脏扩大，再次来院。虽此案因患者没有提出申诉，未产生医疗纠纷，但其中的问题非常值得我们警惕：只因医师少说了“要定期复查，药物要逐渐减量”的话，就带来了如此严重的后果。

这两个案例从两个方面反映了门诊的医疗纠纷的常见原因。随着内科学的不断进展，医师分科越来越细，有些医师的临床思路也越来越狭窄，考虑问题常局限在自己本专业范围内，加之缺乏对病史的全面了解及认真、仔细的体格检查，过多依赖于实验室资料，从而导致误诊。临床上，因肾功能不全出现恶心、呕吐，长期在消化科诊治，肝硬化患者血小板低下，长期在血液科诊治的病例也不难遇到。患者是个整体，各系统疾病的临床表现是互相交叉，不能割裂的。这就要求内科的临床医师必须养成全面询问病史及详细体检的习惯，养成缜密思维的作风，才能尽量减少失误。

门诊接诊的患者大多数是慢性病患者，诊断比较明确，病程进展缓慢。特别是一些“老病号”，很多医师都接诊过，再次就诊时，医师往往对诊断问题不再重视，按照前面医师的思路诊治患者，结果导致患者新出现的体征被遗漏，新出现的并发症被忽略，有时甚至导致误诊。一位原发性醛固酮增多症的患者在门诊治疗，服用降压药多年，其间没有医师为其检查过血钾。并非所有接诊医师医疗水平都不高，只是认为“老患者了，肯定已经做过系统检查了”，正是这种惰性思维，导致患者被误诊多年。

在门诊的日常工作中，详尽告知也是非常重要的，特别是更换治疗方案时，药物的使用方法、使用时间、可能出现的问题，均应告诉患者。当然，门诊工作很紧张，医师没有更多的时间与患者交流，但至少应在使用新药前嘱咐患者仔细阅读药品说明书，这样可以避免很多由于用药引起的医疗纠纷。

三、病房中的医疗纠纷，多发生在薄弱环节

病房医疗是一种集体性质的工种，医疗活动有层层把关，一般不会出现大的差错，但也存在薄弱之处。在夜间及节假日（即非常规工作时段），值班医师的工作不到位，常常成为产生医疗纠纷的高危时段。

例 5，男性，70 余岁，因发热、血沉快住院，经多项检查诊断风湿性疾病合并肾功能不全、甲状腺功能减退、糖尿病。住院期间，一天凌晨 2 点患者出现上腹痛，值班医师检查血压、心律正常，按胃痛处理，但患者症状一直未缓解，于 2 点半、3 点、4 点多次找值班医师，均按胃病处置，未做进一步检查。早 6 点，护士给患者做治疗时发现患者已死亡。

本案例中，医院的过失是明显的，但深层次的问题更值得我们思考。对原有某种疾病的患者在出现新的问题时，临床医师不能以惯性思维的方式来考虑问题，而应时刻保持一种质疑性思维。本例中，如果值班医师能考虑到一位老年患者上腹痛的各种可能，就会做进一步的检查，不会导致患者住院期间因上腹痛 2 小时余死亡而医院不能给与家属合理的解释。因此，加强对值班医师责任心的教育和医疗技术水平的提高，是避免病房医疗差错的根本措施。除此之外，另一项相对能“立竿见影”的措施是加强“非常规工作时段”的上级医师对下级医师的指导，如果能制定相应的制度，确保一线值班医师在遇到“拿不准”的问题时，能及时得到上级医师的指导，不仅会有助于年轻医师的经验的积累，也会大大减少病房的医疗隐患。

四、介入检查及治疗成为内科医疗纠纷的新焦点

介入检查，特别是介入性治疗的开展，使内科一改单纯药物治疗的特点，为内科医师提供了新的治疗手段，为患者康复带来新的途径，但同时，由于介入检查及治疗的有创性，也成为内科医疗纠纷的新焦点。

例 6，患者，男，68 岁，因“发作性心悸 10 年、加重 3 个

月”入院。患者既往有高血压10年、脑梗死史。入院后，心电图检查示心房颤动，经强心利尿及控制心室率治疗，症状缓解。超声心动图检查双侧心房增大、左心室功能减退。食管超声心动图未见心房血栓。为进一步治疗，经家属同意并签字，医师为患者进行了经导管射频消融治疗房颤的手术。手术共进行6小时，术后患者回病房时尚未完全清醒。术后第二天，医生查房时，发现患者一侧肢体瘫痪，头颅CT示急性脑梗死，同时发现房颤复发。此后虽经医院积极治疗，脑梗死病情有所好转，但房颤经多种药物治疗，未能恢复窦性心律。家属对治疗结果非常不满意，指出医院在医疗过程中有以下过失：首先，医师在手术前未考虑患者以往有脑梗死的病史，术前准备不充分；其次，患者从手术室回到病房的当天曾诉说一侧肢体不能活动，但值班医师误认为是麻醉引起的，未做必要的检查，也就未能及时发现病情变化，错过了脑梗死的最佳治疗时机。因此家属认为，医院对患者房颤未能治愈，同时又造成肢体瘫痪负有责任。

例7，患者，男，57岁，因不稳定性心绞痛，在医院接受经皮腔内冠状动脉成形术（PTCA）加支架置入术，手术顺利，术后4小时拔除动脉鞘管，医生压迫止血达50分钟后，弹力绷带加压包扎达36小时，约48小时才完全松解。术后9小时发现右下肢较左侧稍肿胀，同时患者感右下肢肿痛，医师未加重视。患者于术后第五天出院。出院后，患者右下肢肿胀、疼痛加剧。3天后来院，经B超检查发现右股静脉血栓形成，再次入院，给与低分子肝素及华法林抗凝治疗。次日，患者出现咯血、胸痛，肺部增强CT提示两肺多发肺动脉栓塞，B超示右下肢股浅静脉血栓形成。后经溶栓治疗，病情缓解。但患者仍提出投诉：认为上述结果主要是由于医师没有按正规操作程序操作，包扎压迫过紧、时间过长，导致下肢水肿、血栓形成；经治医师未认真观察病情，让患者带着问题出院，造成血栓加重，再次入院并发生肺栓塞。医师的过失给患者带来身体的伤害、精神的痛苦及经济上的负担。要求医院对上述三种伤害给与赔偿。

例8，男性，35岁，因室间隔缺损入院行经导管室间隔缺损封堵术，术中因选择的封堵器偏小，不能固定，封堵不成功，在试图取出封堵器时又出现了封堵器脱落，遂急诊开胸手术，取出脱落的封堵器并修补室间隔。由于患者及其家属对开胸治疗室间隔缺损思想准备不足，出院后提出投诉。

上述的3个案例在目前因介入治疗引起的医疗纠纷中，颇具代表性：

患者及家属往往对介入治疗这一“手术时间短、创伤小”的治疗方式抱着极大的希望，同时也为此付出较高额的费用，所以一旦手术失败或出现并发症，往往不能接受，反应激烈。

实际上，介入治疗毕竟是一项开展不久的新技术，有些手术方式目前还在不断完善之中。况且即便是非常成熟的传统外科手术，由于疾病的复杂性及患者的个体差异，也可能出现各种并发症。但是否一旦出现并发症就一定会引发医疗纠纷呢？临床上有很多例证说明并非如此。

例9，患者，男性，73岁，患有慢性支气管炎、阻塞性肺气肿、肺源性心脏病；此次因“发作性心悸、头晕伴胸闷、气憋十余年”入院，入院后检查诊断为右侧房室旁路引起的房室折返性心动过速，发作时明显ST－T改变。终止了心动过速后，进一步的治疗方案如何选择成了难题：考虑患者患有严重的阻塞性肺气肿及肺源性心脏病，心肌缺氧、耐受性差，如果选择经导管射频消融治疗，医师和患者均将承担很大风险；但如果不对心动过速进行根治性的治疗，由于心动过速频繁发作，患者心肌缺血严重，可能会有更大的风险。医院将两种治疗方案向患者及其家属做了详细的比较和说明，在经过慎重考虑后，患者及其家属最终选择了射频消融治疗。医院为此做了周密的准备，包括请麻醉科及胸外科会诊，并做好相应的急救措施。结果正如术前所担心的，射频消融在成功阻断右侧房室旁路的同时，出现了心脏破裂，心包填塞。医师按事先准备的方案为病人做了心包穿刺、引流，密切观察病情，并及时向患者家属通报了情况，家属表示理解，积极配合抢救和治疗，最终患者痊愈出院。此次介入治疗虽产生了严重的并发症，但由于术前各项准备充分，并未引发医疗纠纷。

由此案例可以看出，介入检查及治疗的并发症确实不可完全避免，但由并发症引发的医疗纠纷却是可以避免的。那么，如何避免因并发症引起的医疗纠纷呢?

（一）给患者及其家属以治疗方式的选择权

大家都知道，介入性检查及治疗是内科疾病诊断、治疗的一大进步，介入治疗的开展更是为内科疾病的治疗增添了新的内容和方式，使临床医师面对疾病有了更多的武器。例如，同样是冠心病，我们有了选择药物治疗、手术治疗、介入治疗的不同方式，心律失常、消化道出血等等也是同样。当然，医师会从患者的病情出发，为患者选择最佳的治疗方式，但患者及其家属同样有这种选择的权力，明确这一点是非常重要的。经治医师应当把各种治疗方法一一向患者或/及其家属进行介绍，并详细说明这些方法各自的优点、缺点及可能出现的问题与风险。只有在患者及其家属在充分了解各种治疗方案的基础上再做出选择，才能真正使患者及其家属认识到：选择介入检查及治疗，就意味着选择了要承担风险。患者及其家属真正有了这种风险意识，即使手术出现了并发症，往往也能理解。这里我们要特别强调的是，在治疗方法的选择上，医师实事求是地介绍是至关重要的，医师必须完全从病情的需要出发，从患者的健康利益和经济利益出发，任何夹杂有医师个人私欲的选择是违背职业道德的，否则一旦出现任何并发症，必然导致激烈的医疗纠纷的。

（二）术前做好充分准备

首先，医师对将要进行的手术的要有全面的认识：这包括手术的适应证、并发症、成功率；还包括对患者情况的充分了解——患者的基础疾病、并存疾病，这些疾病对手术过程及术后恢复有哪些影响；在对上述情况全面了解的基础上，还要与患者家属有充分的沟通，再次明确地说明手术中及手术后可能出现的各种问题，让患者家属有充分的了解，做到风险共担。比如例 6，患者原有高血压、双房大、心功能不全，消融治疗的成功率要明显低于无器质性心脏病的阵发房颤病人，术前应向患者及其家属交待清楚这一点；患者原有脑血管疾病病史，此次房颤已持续 10 天以上，术前应该充分抗凝，以减少脑栓塞的并发症。这两点如果切实、认真做到位，患者及其家属的反应可能会好得多。

（三）术中、术后尽量避免并发症的发生

要做到这一点，首先医师在术前应对术中可能出现的问题有充分的思想上与技术上的准备，要有应付各种情况的技术力量支持及物质准备，以便一旦出现并发症，能有切实可行的补救措施。如例 8，如果有足够的技术力量支持，就有可能避免急诊开胸手术。

其次，医护人员在术后应严格执行医疗、护理常规，术者要亲自随诊患者，主管医师要了解手术情况及相关规定。对承担术后医疗和护理的医护人员应加强培训，让他们充分了解手术的过程及术后可能出现的问题，便于及时发现问题，并请相关医师解决问题。在例 7 中，主管医师如果了解到冠脉介入治疗后，长时间的压迫股动脉不仅会影响下肢动脉的血液循环，还会影响静脉的回流，就会重视患者右下肢胀痛的诉说；手术医师如果术后亲自检查患者，也就会及时发现患者的问题，不会让患者带着问题出院，以至出现肺栓塞的并发症。

（四）并发症一旦出现，应尽力将对患者的损失降低到

最小

并发症一旦出现，应时发现、及时处理，医师应全力采取周密的措施，努力将患者的损失降低到最小。

此外，事实求是地向家属交待病情，取得家属的理解，也是化解医疗纠纷、缓和医患矛盾的重要方法，千万不要术前谈话时对可能出现的问题“轻描淡写”，术后出现了问题又说什么“介入治疗本来就风险很大”。术前术后的巨大反差往往会加剧医患矛盾，导致医疗纠纷升级。

上面仅就内科医疗纠纷的一些特点，谈了个人的一些看法。当然，不断加强全体医护人员的责任心、提高服务意识、改进服务态度、提高业务水平更是避免医疗纠纷的永恒的主题。

（黄捷英）

手术并发症引发的医疗纠纷的防范

在当前的医疗环境下，由于各种原因，存在医患关系紧张，矛盾激烈，医疗纠纷增多的趋势。医疗纠纷发生后，无论患者及其家属还是医疗单位及当事的医务人员都会受到伤害。医疗单位要花费大量人力和时间去应对，高额的医疗赔偿使医院不堪重负；当事人承受巨大的精神压力，影响工作、生活及个人的前途；医疗纠纷矛盾激化常会干扰正常的医疗秩序，给医院和个人的声誉都会带来负面的影响。因此，防范医疗纠纷是关系到我国医疗卫生事业健康发展，构建和谐社会的大事。在这里我们重点探讨手术并发症引发医疗纠纷的防范。

一、手术并发症的概念及其与医疗纠纷的关系

手术并发症主要发生在手术科室，如外科、妇产科、五官科等。据北京医学教育协会医疗纠纷协调中心对146例案例分

析统计，手术并发症所致医疗纠纷占23%。可见，如何预防并发症的发生，对减少医疗纠纷有重要意义。

（一）手术并发症的概念

一般来说，手术并发症是指疾病的手术治疗过程中，由于各种主、客观原因导致与治疗目的不相一致的人体功能和器质性损害，如结肠癌切除术后发生肠瘘，继发腹腔感染；听神经瘤切除术后发生面神经麻痹和吞咽困难，合并肺部感染等。

（二）手术并发症的分类

从医疗鉴定的角度，根据手术并发症是否可以避免，可将其分为可以避免的并发症、难以避免的并发症和意料不到的并发症。

可以避免的并发症是根据疾病本身的特点，术者的资质和经验，不该发生的手术并发症。如一位基本外科或普通外科主治医师做一例未穿孔的急性阑尾炎切除术，该手术相关的并发症应该可以避免。这类并发症的发生多数与术者在手术治疗过程中处理不当，或责任心不强有关。难以避免的并发症是指无论能否预见，但在现有的医学科学技术下发生难以防范的并发症。这类并发症往往与疾病本身复杂、手术难度大有关。如前面提到的听神经瘤的例子，由于肿瘤巨大，面神经术中难辨，尽管应用术中监测技术，肿瘤切除后也难以完全避免面神经损伤所致的面瘫。预料不到的并发症是指术前不可预见的并发症。这种并发症较为罕见，多数为解剖结构的变异，或病变的特点不符合常见规律，误伤某些结构所致。

对上述这些不同类型的手术并发症进行分析，有助于手术并发症引发纠纷后，对问题属性的鉴定和术者责任度的判断。

（三）手术并发症引起医疗纠纷的特点

手术的成败“立竿见影”，手术并发症，尤其是严重的手术并发症（致残、致死）发生后，由于病情恶化，患者术前、术后的病情形成明显的反差，在患者和家属不理解的情况下，医疗纠纷发生的几率较高，而且其程度也较为激烈。一般情况下，纠纷发生在住院后期或治疗了结以后，主要是患方为了取得医生对患者的积极治疗而采取了克制的态度。这时期患方对医务人员的言行十分敏感，应加强与患者和家属沟通，积极治疗并发症。如手术并发症严重，超出了患方的承受程度，医务人员服务态度差，对并发症处理不到位，就会在早期激发矛盾，引发激烈的医疗纠纷，这种情况应尽量避免。

二、手术并发症产生的原因

要避免或尽量减少手术并发症的发生，首先要探讨产生手术并发症的原因。基本上分主观原因和客观原因，实际上两种原因常常同时起作用。主观原因，如术者的责任心、技术水平和经验；客观原因，如疾病和手术本身的特点，包括病情的复杂性、手术难度。当然，还有设备条件等。下面为常见引起手术并发症的原因。

（一）手术适应证掌握不当

患者所患疾病是否需要手术治疗，其手术适应证的掌握是基于术者对该疾病的深刻认识，全面了解患者的病情，根据术者的技术水平和经验，才能做出正确的判断。如高血压性脑出血可以通过手术治疗，但具体某一患者是否有手术治疗的适应证则要具体分析。患者脑出血量大，双瞳孔散大，已处于晚期脑疝濒死状态，手术不但收不到预期疗效，反而加速患者的死亡。又如一高龄肺癌患者广泛转移，股骨近段转移致病理性骨折，患者合并心肺疾病。为改善患者的生活质量，家属可能要求进行人工关节置换术。但医师应该考虑到晚期肺癌存活时间短，且患者高龄，有严重心肺基础疾病，手术风险极大。如手术适应证掌握不严格，做了关节置换术，很可能引起多脏器功能衰竭，甚至死亡。

随着医学科学技术的发展，手术适应证也相应发生变化。如功能区的脑瘤，过去视为手术禁区，因为术后引起患者昏迷、瘫痪甚至死亡。但近年来随着影像定位、显微外科技术和麻醉技术的发展，可以切除这些肿瘤而不发生上述并发症，但当设备条件和技术水平还未具备时，你就不能选择这样的患者做手术，因此，手术适应证也是相对的。手术适应证掌握不当就会发生并发症，甚至严重的并发症。

（二）病变复杂、难度大的手术

有些手术如基本外科的胰头癌切除术，骨科的骶骨巨大肿瘤切除术，神经外科脑干肿瘤切除术，胸外科的肺门肺癌切除术等，易引起手术并发症。因这些疾病的病变位于重要的解剖复杂部位，毗邻重要血管、神经和重要结构，手术发生并发症往往是难以避免的。术者一方面要认真对待，做好思想上和技术上的充分准备，另一方面要向患者和家属详细、反复的交待。有些手术难度并不很大，但病人基础病多，一般情况较差也容易引起手术并发症，必须在术前做好评估和纠正，掌握好手术时机和取得相关科室的协作以保证手术的顺利进行，减少手术并发症的发生。

（三）经验不足，技术欠缺

同样的手术，有经验的术者可顺利地完成，术中遇到问题应变能力强，不易发生并发症；而对缺乏经验，技术水平欠缺的术者，其手术并发症的发生率就会增高。

例1，患者，男性，40岁，头部外伤后间断右上肢麻木10天入院。CT、MRI示左额顶硬膜下血肿，局麻下行锥颅血肿清除置管引流术。术中发现患者失语，术后即行CT复查，见钻孔相应部位脑实质内血肿，深达底节，术后右侧偏瘫、失语。本例为亚急性硬膜下血肿，因有血块引流不畅，术中改变导管方向时，因骨孔小导管插入脑实质而发生脑内血肿。遇到这种情况，如扩大骨孔轻柔置入导管向各方向进行冲洗、引流，并发症就可以避免。这是经验不足，技术欠佳引起手术并发症的典型例子。

术者的资质在一定程度上代表其技术水平，但根据我国国情，同一资质其技术水平、经验可能有较大的差别，基层医院的副主任医师有可能不如三级甲等医院的主治医师，因此在考虑术者的资质时要对具体人具体分析，作为术者应把握自己的技术水平和经验，决定是否能胜任某一手术。俗语说“没有金刚钻不揽瓷器活”，在没有把握的情况下应请上级医师或外院有经验的医师协助实施手术。

（四）新技术、新术式的应用

任何新手术、新术式都有逐步完善的过程，对术者来说也有一个熟悉和逐步提高的过程。开展新手术的初期，或未掌握该技术的术者进行手术，手术并发症的发生率会较高。

例 2，一例腰腿痛患者，CT 和 MRI 检查显示 $L_{4、5}$椎间盘突出，经保守治疗无效。某术者应用了创伤小的内镜进行病变椎间盘摘除术，术后发生患肢足下垂，经功能锻炼未见改善，肌电图示周围神经损害。用内镜做椎间盘突出手术具有微创特点，但缺乏经验的术者容易损伤神经根，在这种情况下不如应用常规的手术方法更为安全可靠。所以对待新技术、新术式必须根据自己的情况量力而行以避免手术并发症的发生。

（五）利益驱动

为了体现所在单位和个人的技术实力或受经济利益的驱使，在设备条件、技术水平和经验不足的情况下开展新技术、新术式、或难度大的手术易发生手术并发症。上面已有实例说明，这种现象并不算罕见，应引起重视并加以杜绝。

（六）过于自信

多发生在资质较高或对某种手术已积累相当经验的术者或少数盲目自信的术者。由于思想上的轻视，在术前准备、术中操作和术后观察方面都重视不够，甚者漫不经心，发生手术并发症是在情理之中。

例 3，一例女性患者，40 岁，左肩痛 5 个月入院，外院

MRI检查发现$C_{3、4}$水平髓外硬膜内占位性病变。神经系统检查未见异常。行$C_{3、4}$水平左侧半椎板切除、肿瘤切除术。术后病理报告为脊膜瘤。手术后当天即发生左侧肢体瘫痪，右半身感觉减退，提示病变水平脊髓左半损伤。经康复治疗虽有恢复，但仍不能独立行走。病人是慕名到某三级甲等医院求医的，并由主任医师做这一常见手术，结果发生了较严重的并发症。如术中遇到半椎板切除，肿瘤显露不充分的情况，改为全椎板切除，有可能减少损伤脊髓的机会。术者有过于自信之嫌。

（七）难以预料的并发症

手术中可能会遇到术前不能完全意料到的情况，从而引起并发症。如一例小脑桥脑角三叉神经纤维瘤切除手术，术中一根较粗的静脉紧贴瘤壁，由于术野小而深，不处理这根静脉肿瘤无法切除；电凝切断这根静脉有可能影响小脑甚至脑干水肿。这是术前没有料到的，术者最后决定电凝切断此静脉将肿瘤完全切除。术后因小脑静脉回流障碍发生明显水肿，并出现相应的症状，经过积极降颅压治疗，病人终于渡过脑水肿关。另外一种情况是根据术中的情况未预见到的并发症。如一例大脑凸面脑膜瘤，有明显包膜，与周围组织分离后完整切除，因手术野显露清楚，少量瘤床出血已按常规电凝可靠地止血，但术后却继发手术部位血肿，需要再次开颅清除血肿。这是未意料到的并发症，有可能是由于血压波动或其他未知的因素，使原已止血的血管再度出血或其他血管的出血形成血肿。

（八）术者责任心不强

这是指由于医护人员工作疏忽造成的并发症，如在术前准备、术中操作、术后观察和处理不认真细致。如术前忘记配血，术中遇到大出血临时配血耽误抢救；术野遗漏异物；术后擅离职守延误并发症的及时发现和治疗，构成责任事故。

三、手术并发症引起医疗纠纷的原因

出现手术并发症不一定就发生医疗纠纷。实际临床工作中常遇到这样的情况：由于术前告知充分、到位，医护人员高度负责的工作表现，术后密切观察和及时、积极的治疗以及整个医疗过程中与患者和家属的充分沟通，医患间建立了互信的关系，虽然发生了手术并发症，患者家属在承受痛苦的情况下对医护人员付出的辛勤劳动给予肯定并表示谢意。与此相反，由于术前告知不足，医护人员的疏忽大意，生硬的服务态度，出现并发症后就极易引发医疗纠纷。以下是手术并发症发生后引起医疗纠纷常见的原因。

（一）术前无告知或告知不足

告知主要是术前让患者及家属充分理解所患疾病的危害，手术治疗的必要性和可能发生的并发症等。对可能发生的并发症必须使对方真正听懂、理解。术前无告知或告知不足，出现手术并发症后因患者和家属不理解，自然会发生医疗纠纷。

（二）延误对并发症的诊断和处理

由于责任心不强或经验不足，术后疏于观察延误了并发症的早期诊断和处理，使患者失去了最佳治疗时机，使病情加重。

例 4，男，75 岁，因头颈部疼痛伴呕吐 8 小时经急诊入院。头 CT 扫描示颅内蛛网膜下腔出血。脑血管造影证实为左侧颈内动脉后交通动脉瘤破裂。开颅行动脉瘤夹闭术，术后 3 天合并肺部感染，请耳鼻喉科医师行气管切开，手术经过顺利。术后半小时护士吸出多量鲜血痰，气管切开处敷料血染，反复吸血痰不止，出现呼吸困难，氧饱和度持续下降，通知值班医师赶到时，患者呼吸已停止，抢救无效死亡，引发医疗纠纷。在这一案例中，气管切开为常见小手术，术后出血窒息死亡为少见的手术并发症，但医师术前告知不足，术后重视不够，疏于观察；医院管理和应急能力差，通知医师至医师到位长达 1 个半小时之久，延误了发现并发症和积极有效的抢救时机。医疗过失造成严重并发症与患者窒息死亡有因果关系。

（三）服务态度差是引发医疗纠纷最常见的原因之一

医护人员缺乏对病人的同情心，言行使患者和家属反感，本来可以理解的手术并发症就会成为引起医疗纠纷的理由。

（四）缺乏医患沟通

大多数患者和家属是通情达理的，在整个术前、术后的诊疗过程中加强与患者和家属的交流和沟通就会最大限度的避免手术并发症所致医疗纠纷的发生。

（五）医生的违规违法行为

如受不正之风影响，医护人员向患者或家属索取或收受红包或有其他违规行为，当出现手术并发症时，患者和家属无法达到心理平衡，易引发医疗纠纷，医生原本正当的申辩也会显得苍白无力。

（六）患方因素

不可否认，在目前的医疗环境下，仍存在一些不健康的因素，极少数患者和家属出于经济利益的驱动，利用和扩大手术并发症的不良后果索取不合理的经济赔偿，但最后的裁决取决于对医疗纠纷的公正鉴定和相关法律的规定。

四、手术并发症引发医疗纠纷的防范

笔者根据以上对手术并发症及其所致医疗纠纷的原因分析，以及对具体案例总结出的有关经验教训，结合临床实际工作中的体会，提出下列防范这类纠纷的主要方法。

（一）避免发生并发症

防范医疗纠纷的最根本的方法是不发生手术并发症，或将其发生率降到最低限度，避免发生严重的并发症。这就要求术者提高技术水平，加强责任心，倡导严谨的工作作风，加强医院管理，健全和严格执行各项相关的规章制度。

（二）严格掌握手术适应证

前面已经分析过手术适应证掌握不当是发生手术并发症的重要原因之一。严格掌握手术适应证就能在源头上防止手术并发症的发生。例5，患者，女，65岁，发作性心悸10年，加重3个月入院。心电图示心房颤动。既往有高血压及脑梗死史。超声心动图示双房增大，左心功能减退。术前抗凝治疗1周后，全麻下行导管射频消融术治疗房颤。术后第二天左肢体瘫痪，房颤复发。患者对手术未能解决房颤又并发脑梗死不满引起纠纷。

在本例中，医生手术适应证掌握不严格，因器质性房颤较特发性房颤成功率低。患者有脑梗死史，易再次发生脑梗死。术前抗凝时间过短（应至少1个月），对预防脑梗死不利。

（三）做好充分的术前准备

目前大多数医院都有术前讨论制度，关键是否认真执行和执行的力度如何。对每一需要手术，特别是大手术的患者，都应该认真地进行术前讨论，包括诊断、疾病的特点、手术适应证、预期疗效、手术技术的关键、可能发生的并发症、如何预防及应变，还有患者的年龄、全身状况及并存疾病对手术的影响，术前的处理和纠正，技术和物质上的准备等，以确保手术顺利完成，最大限度避免并发症的发生。

（四）尊重患者知情权，认真履行告知义务，达到医患互相理解、出现手术并发症时风险共担的目的。

1. 告知对象　应为成年患者，如因疾病原因或出于保护性医疗的需要不能直接告知，可授权家属为告知对象，并在手术知情同意书上签字。

例5，患者，男性，16岁。因左侧踝关节骨折行复位内固定术，术后应用静脉止痛泵，告知患者应用止痛泵可能发生的并发症，术后应用止痛泵止痛时发生全身抽搐、大汗，呼吸急促，经停止应用止痛泵后上述症状缓解，考虑为止痛泵药物不良反应。家属对应用止痛泵引起不良反应提出质疑，医方虽已告知患者，但其为未成年人，告知和签字无效。经调解，医方对并发症负部分责任，给予一次性经济赔偿。

2．告知内容　应包括诊断、拟行手术的名称、手术适应证、不作手术可能发生的情况，手术的预期效果、可能发生的并发症及预防措施等。

3．告知形式　手术知情同意书有关手术并发症部分，目前主要有两种形式：表格式和描述式。表格式简单、省时，但针对性欠佳，故重点强调的并发症应加以文字补充说明。描述式根据不同手术书写或打印表达，针对性强，重点强调的并发症可较详细描述。

4．告知方法　应根据告知对象的文化程度做到通俗易懂，深入浅出，必要时结合模型和影像资料进行解释，务必使告知对象真正理解。有时让对方复述告知的内容是验证是否理解的好方法。对难度大、风险高的手术可用反复强调，层层告知的方法（主治医师、副主任医师、主任医师……）。告知时要实事求是，但又不致引起告知对象对手术的恐惧心理。

5．告知的法律意义　手术知情同意书是病案的重要组成部分，是医疗鉴定的重要依据，具有法律意义，故不能随意涂改。当存在医疗过失、构成医疗事故时，告知不能免责。

（五）做好术前技术上的支持和保障

在医疗管理层面上，应用严格的手术准入制度，确定术者的资质是否具备做某种手术的能力。术者的技术水平和经验对复杂难度大的手术和新的手术方法显得特别重要，必要时可请院内或院外有经验的医师主刀或指导手术。要做好足够的硬件准备，包括设备、器械等充分准备，做到万无一失，能应对术中出现的各种情况，确保手术顺利完成。

（六）加强术者的责任心

术者应把患者视为亲人，提倡换位思考。病人把健康和生命依托给医师，术者的一刀、一剪，每一个动作都可能给患者、家属和社会带来正面和负面的影响，也与个人和所在医疗单位的声誉息息相关，因此术者要有高度的责任感。

（七）加强术后观察和处理，及时发现和积极治疗手术并发症

术者术后应亲自随诊和观察患者，加强交接班。注意事故好发时段（节假日）的观察和处理。

例6，患者，男，50岁，因冠心病、劳力性和自发性心绞痛入院，冠状动脉造影时前降支狭窄，行支架植入术。穿刺部位行弹性绷带加压包扎36小时，约48小时完全松解，出现右下肢胀痛。B超发现右股静脉血栓形成，住院期间发生肺栓塞，经抗凝治疗后好转出院。在本例中，术者在拔管后未按操作常规处理，盲目延长加压包扎时间，导致右股静脉回流障碍。术者对股动脉插管可能发生的并发症重视不够，未能及时发现右股静脉血栓形成，并给予及时治疗导致病情加重并发肺栓塞。

（八）出现并发症后的处理

出现并发症后，医师应积极治疗，尽可能将并发症的损害降到最小程度，在整个术后过程中加强与患者和家属沟通，实事求是地交待病情，取得对方的理解和对治疗的配合。

（九）加强医院管理

医院管理松懈、混乱是发生医疗纠纷事故的重要原因。加强医院管理可有效预防医疗纠纷事故的发生。医院领导和管理人员应把医疗安全放在医疗工作的首位。加强医务人员的技术培训工作，建立健全各项规章制度和操作规程并严格执行；加强医德、医风建设。医务人员具备良好的职业道德是减少医疗纠纷事故发生的重要因素。

五、通过正确途径和方法解决医疗纠纷

手术并发症的发生给患者增加了肉体和精神上的痛苦以及经济负担，这是医师不愿看到的。但患者和家属应理解，医师通过手术为患者治病，手术本身是具有创伤性的，较其他治疗方法有更高的风险。有时医师虽然尽了最大努力，还是发生了

难以避免的并发症。医师冒着风险通过手术去治病，患者希望通过手术解除自己的病痛。当双方意见有分歧时，医患双方要互相理解，换位思考，理智地对待，要通过正确的途径和方法去解决，尽量避免发生纠纷而使矛盾激化。

通常我国解决医疗纠纷基本上有三条途径，即医患双方“私了”、行政机构处理、司法途径截决。

近年来，北京等一些地方的很多医院都参加了医疗责任保险，由医疗纠纷调解机构作为第三方参与医疗纠纷的调解，根据调解结果，由保险公司负责理赔，开创了一条公正、合理、有效解决医疗纠纷的新途径。

综上所述，手术并发症是引发医疗纠纷的常见原因，必须高度重视，尽量避免；加强医院管理，严格掌握手术适应证，做好充分的术前准备，提高技术水平，加强术者的责任心是减少手术并发症的关键；增强法律意识，严格履行术前告知制度，术后密切观察病情变化，及时发现和积极处理手术并发症，改善服务态度，加强与患者和家属的沟通是减少手术并发症引发医疗纠纷的途径；医患双方通过合法渠道，以平和及理智的心态充分协商是解决手术并发症引起医疗纠纷的正确办法。

（苏长保）

产科医疗纠纷的防范

近年来国内的医疗纠纷呈上升趋势，据中华医院管理学会统计，全国各类医院326家，有98.47%发生过医疗纠纷，按科室发生数量排序依次为外科、产科、骨科、妇科、儿科，其中外科是指除骨科以外的大外科系统。可见产科的医疗纠纷十分突出。

产科是比较容易发生医疗纠纷的科室。2005年“北京医学教育协会医疗纠纷协调中心”经手的医疗纠纷案例共149例，其中产科14例，发生在节假日和夜班等时段的7例。有医院的负责人讲，只要妇产科没有纠纷，院长的日子就好过多了。生孩子是妇女一生中的一件大事，医患双方都希望母子平安，生个健康的宝宝。但是要保证产妇顺利分娩，生出个正常、健康的孩子也不是一件容易的事。医学科学有明显的局限性和风险性，尤其是临床医学风险性更大。医学科学发展到今天仍然有不少问题是未能认知或认知不全的，有些病理情况可以防范，而有些情况无法预料，一旦发生，后果又极其严重。产科因为有与其他科室不同的特点，其风险更显突出。

一、产科门诊工作重点是筛查高危妊娠

产科门诊的诊疗对象与其他科室有明显的不同，她们不是来看病的，心态很平和，和医师的关系也比较融洽，所以产科门诊显得平静、温馨。但是产科门诊工作的疏漏常常会埋下隐患，引发医疗纠纷。

医师、孕妇以及家属都应该明白，一个新的生命的孕育到诞生不仅与双亲自身的多种因素有关，还会受到复杂的外界因素的影响。医学是研究人类自身的科学，难度很大，所以这个领域的研究远远落后于其他学科，而产科在这点上就更为突出。因此产科门诊的医师的任务只能是在大量的正常孕妇中筛查出高危孕妇，指导高危孕妇的处置和治疗，尽力减少对孕妇的危害，降低所承担的风险，力求母儿平安。

（一）制定孕期监护流程

例 1，某孕妇，35 岁，孕 3 产 0，既往体健，月经周期 4～5 天/30～45 天，第一次妊娠行人工流产术，第二次妊娠孕 7 个多月时胎死宫内，引产分娩的死胎体表无畸形，未做尸检。本次妊娠 25 周开始到医院检查，因是经熟人介绍一直找一位医师，孕 27 周检查宫高、腹围较正常孕周大，B 超检查胎儿相当于孕 29 周大小，考虑月经周期不规律，将孕周后推为 29 周。孕 35 周血压 140/80mmHg，尿糖（+），蛋白（+），给服硝苯地平（心痛定）治疗。孕 39 周来院常规检查时，未听到胎心，B 超证实胎死宫内，追问病史已 2 天无胎动，收住院引产。住院时血压 140/90mmHg，尿糖（++），酮体（+），糖耐量试验空腹血糖 5.7mmol/L、服糖后 1 小时 11.9mmol/L、2 小时 10.5mmol/L、3 小时 8.5mmol/L。诊断为妊娠期糖尿病，妊娠期高血压疾病，死胎，巨大儿。死胎娩出时肩难产，折断锁骨方

娩出，死胎体重4200g。胎盘病理检查有广泛纤维蛋白沉积和钙化灶，有绒毛间血栓、胎盘梗死。

例2，某孕妇，24岁，医院职工家属，无业，未建孕期保健病历，不定期地找认识的医师做产科检查，未做畸形儿筛查，孕38周临产住院检查发现胎头径线偏大，跨耻征阳性，B超检查提示为脑积水，后行穿颅术娩出胎儿。

以上两例孕期检查都存在筛查不力的问题。第一例妊24~28周未做糖尿病筛查，孕妇有不明原因的死胎史，又出现了妊娠期高血压疾病、B超示胎儿大小与孕周不符等均未引起医生的注意，未考虑糖尿病的可能。因糖尿病没有得到控制，导致胎盘功能不良，胎死宫内。第二例未按期做孕期检查是孕妇和家属造成的，但相关医师的马虎、不负责任是造成不良后果的主要原因。针对孕期检查的不规范，为杜绝此类病例的再次出现，产科门诊制定孕期监护流程是很必要的，列出不同孕周的检查项目，提醒和监督医师的日常工作。

（二）医师应加强与孕妇和家属的交流，认真履行告知义务

例3，一孕妇门诊诊断为重度妊娠期高血压疾病。接诊医师开了住院单后，嘱其立即住院，但未告知可能发生的并发症的严重性，病历上也未记录。孕妇先回家待了几个小时，突发腹痛不能缓解，到医院检查诊为胎盘早剥，胎死宫内。患者认为是医师未告知疾病的严重性导致胎儿死亡，发生医疗纠纷诉讼。因侵犯了患者的知情权，医院拿不出已交代过病情严重性的证据而败诉。

这个案例是因医师未认真履行告知义务而导致的不良后果。门诊病历普遍存在书写过于简单、潦草，只有口头医嘱没有书面记录的问题，更谈不上知情同意、家属签字了。重度妊娠期高血压疾病容易发生子痫、胎盘早剥，都会给孕妇和胎儿、新生儿造成无法挽回的伤害，需要立即收住院，最好由医

师直接送到病房，要认真告知此病的严重性，可能发生的并发症，并要有记录和家属签字。

曾有一位医师讲过她经历的一件事：她和朋友在饭店吃饭，邻桌的一群年轻人中有一位孕妇，讲到去医院检查时，医师叫她躺着时要左侧卧，她不明白为什么，同桌的一位男士马上喊道："别听他胡说，你就平着躺，别压着孩子。"这位医师想去解释，朋友拉住了她，叫她别惹是非，好在孕妇表示还是听医师的，她才安下心来。她很感叹医师在别人心目中的地位，而使她感触更深的是：作为医师，有义务告知患者所采取的治疗措施的目的。像孕妇要左侧卧位，孕晚期要每天数3次胎动，这对医师来讲，道理再简单不过了，但不懂得医学知识的人就完全不明白。像例1的孕妇，已经2天无胎动都未引起注意，责任在医师没有告诉她数胎动的重要性。孕妇学校从保健角度普及孕期保健知识，而产科医师在门诊出诊时，多听听孕妇和家属的叙述，多解释几个问题，常常会起到更好的效果。

二、围生期是产科工作的关键时段

十月怀胎一朝分娩，渡过了漫长的孕期，全家人都期盼着一个健康宝宝的出生。医务人员何尝不是希望母子平安。但是产科的突发病理情况常常危及到孕妇和胎儿、新生儿的生命。一旦出现问题，其后果与产妇及家属的期盼的巨大反差，令人难以接受。

产科的风险在于有些病理情况事先无法预料或难以有效防范，病情来势极为凶险，一旦发生，后果不堪设想。例如胎盘早剥、羊水栓塞、脐带脱垂、子痫、晚期产后出血等。孕妇在孕期可以完全正常，而在孕晚期、分娩期，甚至产后突发病理情况，所以围生阶段是产科最有风险、最关键的阶段。

产妇生孩子，发动宫缩、分娩常在夜间，所以产科，尤其是产房在夜间会有大量的工作要做，而夜间是正常的睡眠时间，值班人员精神状态也会受到一定影响，而且夜间也是医院技术力量相对薄弱的时段。遇到抢救时，人员不足、技术力量薄弱就显得更为突出。

产妇住院分娩，从发动宫缩到胎儿娩出、产后观察（第四产程），常常需要 7～8 小时，甚至 10 余小时时间，需要经过 2～3 个班次（白班、夜班，护士还分大夜班、小夜班），经手的医务人员比较多。班与班之间的交接、工作人员是否仔细认真观察和记录产程进展等，都关系到产妇和胎儿的预后，在任何一个环节上稍有不妥或疏漏都会造成失误。而且对危急情况的诊断和处置也要求有足够的技术水平和临床经验。

危急情况抢救时常常因为病情危重、变化急剧，忽略了及时与家属的沟通，未能及时履行告知义务，侵犯了患者的知情同意权。而突如其来的灾难，使产妇和家属毫无思想准备，因此难以接受，激化了医患矛盾。

综上所见，围生期是最容易出现问题的时段，因此防范围生期的医疗纠纷显得尤为重要。

（一）门、急诊与病房衔接的重要性

例 4，一孕妇阴道排液而无宫缩来院急诊，急诊医师诊断为胎膜早破，记录胎心 140 次/分钟，未做肛查或阴道检查，开住院单收入院，在没有医护人员护送的情况下，孕妇与家属一起去办住院手续，半个小时后才到病房，医师检查未闻胎心，为脐带脱垂所致胎死宫内。

这一案例是由于急诊和病房衔接上存在问题所导致的纠纷。孕妇在家胎膜早破，自己行走来院，是否已经发生脐带脱垂？急诊医师只听了胎心，未做肛查或阴道检查，也未护送孕妇到病房，任其自行办理住院手续。医师违反了诊疗常规，医院有不可推卸的责任。

胎膜早破最易发生的并发症是脐带脱垂，急诊医师接诊孕妇时要认真观察胎心变化，做肛查或阴道检查，除外脐带脱垂。常规处理要求平卧位抬高臀部，用平车护送孕妇到病房。

例3也同样反应出门诊和病房衔接的问题。门、急诊与病房，手术室与病房的衔接是防范发生意外的重要环节。急诊到病房虽然只有几步之遥，不按规定办也会出现意外。曾经有过急诊医师未查宫口开大情况，孕妇在去病房的路上孩子就生出来的事情发生。按规定，门诊的危重患者、急诊患者收入院时要有专人护送，剖宫产的新生儿和产妇从手术室回病房时都要有专人护送。

（二）制定严格的诊疗常规

近年来，我国法制建设发展很快，群众的法制观念和维权意识明显增强，而医务人员更应该懂法、增强法律意识，依法行医。

要减少医疗纠纷，首先要严格遵守法律、法规，同时也要制定健全的规章制度，实施规范化管理。既保证母儿安全，也维护医务人员自身的权益。

《医疗事故处理条例》中明确指出："医疗事故是指医疗机构及其医务人员在医疗活动中，违反医疗卫生管理法律、行政法规、部门规章和诊疗护理规范、常规，过失造成患者人身损害的事故。"医疗机构必须严格遵守国家相关法律、法规，遵照卫生部、国家中医药管理局2002年国发（2002）190号文件"病历书写基本规范（试行）"等文件的要求制定规章制度和诊疗常规。

因产科有其特殊性，还要有符合产科特点的诊疗护理常规。例如，产科住院病历必须在住院当日完成，医师要制定该产妇的分娩三程计划，及时向患者及家属交待检查结果、治疗方案和分娩方式，取得患者及家属同意并签字。对产科住院患者，每天都要有病程记录（包括节假日），包括血压、胎心、胎动、宫缩等内容；护理要求每天记录血压、每4小时记录一次胎心、每日记录3次胎动、记录有无宫缩；在观察是否临产时，要记录宫缩的持续时间和间隔时间，要每15~30分钟听一次胎心，必要时还要缩短时间，以决定何时送入产房；要有严格的交接班制度，产科要求床边交班；对产后的产妇仍然要每日查房、记录，包括血压、体温、宫底高度、恶露性状、大小便、乳房情况等。曾经有一产妇虽然有小便，但膀胱未排空，有尿潴留，医生却错将胀大的膀胱当成子宫，几天后产妇发生急性泌尿系统感染。产后还可能发生产后子痫、产后出血、产后心衰等。

针对不同的高危病种还应分别制定不同的监护常规，使高危孕妇得到有效的监护，尽力减少对母、儿的伤害。

（三）产房里无小事

例5，一产妇产程进展中，胎心电子监测出现可变减速，改变体位，胎心有好转，考虑为脐带因素，做阴道内诊检查，发现了隐性脐带脱垂，上推脐带后，胎心好转，当时宫口开大8cm，医师决定立即在产房行剖宫产术，上推脐带的手直到胎头娩出时才退出，新生儿的生命得到及时挽救。

例6，一产妇产程中未做胎心电子监测，在听胎心时发现胎心慢，阴道检查未发现脐带脱垂，但胎心一直不正常，半小时后才请上级医师再次做阴道检查，发现胎儿耳边有脐带，为隐性脐带脱垂，上推脐带，胎心好转，立即送手术室行剖宫产术。而此时上推脐带的手已撤出，隐性脱垂的脐带重新受压，新生儿娩出时呈重度窒息，经抢救无效死亡。

上述两例同样是产程中突发脐带脱垂，由于监护手段、处理方法、手术地点的不同，得到了生、死两种完全不同的结局。

脐带脱垂的处理原则是一旦发现就要成功还纳脐带，解除脐带受压，并在最短时间内娩出胎儿，才能保证新生儿成活，而成功还纳的关键就是上推脐带的手不能过早的撤出。二者的结局截然不同，这其中有临床经验不足的因素，也有临床观察的手段不到位、未及时发现异常情况的原因。

孕妇临产就要进产房待产。目前我国多数医院没有丈夫陪产的条件，产妇要单独进入一个完全陌生的环境，没有亲人陪伴，独自经历阵痛、分娩，产妇的紧张、恐惧是可想而知的。产房的医护人员要像亲人一样体贴、照顾产妇，指导产妇阵痛时如何做，取得产妇的信任和配合，使产妇能情绪稳定、安心。产妇能否吃好、喝好、休息好、和医生配合好，常常关系到产妇是否能顺利分娩。医护人员还应该想到在产房外焦急的家属，要时时通报产妇的情况，替产妇和家属互相传递信息，鼓励产妇安心待产。

产房工作人员要有详细分工并相互合作，产科急诊入院病人一般是直接进产房，要求急诊医师当时完成病历。入产房要有入室试验，产房医师或值班医师要对该产妇情况做全面检查，并及时告知产妇和家属，要有书面记录和知情同意的签字。要做胎心监护记录，图纸上随时标明时间。要严格掌握静点催产素的适应证，有专人守护，有观察记录。进入产程后要有详细的产程观察记录，最好使用产程图。医生做的各项操作(阴道内诊、人工破膜等）要及时、详细记录，要有一定格式和内容，防止漏项。接生时，台下护士的配合很重要，要做好抢救器械及药品的准备，随时做好记录，但不能图省事提前填写记录，有变动时涂改或忘记改动都是不允许的。

抢救时的人员安排尤其重要，有异常情况要及时通知上级医师到场组织抢救，最好有儿科医师到场抢救新生儿，产科医师才有充分时间照顾产妇。曾经有过产科医师气管插管抢救新生儿时，产妇因宫颈裂伤未能及时处理而发生失血性休克的案例。

需有专人将产妇和胎儿、新生儿的情况及时通报其家属，防止出现差错。某医院有一位实习护士出产房时，一位家属问他家的产妇生的是男孩还是女孩，当时产房里有两三个产妇分娩，这位护士顺口说了刚刚生的是个男孩，其实这家产妇生的是女孩，家属认为是被掉了包，直到医院出钱作了亲子鉴定，家属仍要求赔偿精神损失。医师要认真履行告知义务，紧急情况抢救时更应安排专人及时通报家属，签署知情同意书，防止发生产房内奋力抢救，产房外家属一无所知，一旦出现抢救无效，家属无法接受现实。

必须有较高年资的医师固定在产房。在危机时段，例如晚、夜班，节假日等时段，值班医师工作重点应当在产房。

严格产房的交接班制度，接班要按时，交班时如有需及时处理的产妇，要利用交接班时会诊，决定处理方案，如有需要，交班医师要协助接班医师处理病人后方可离岗。节假日及夜班时要安排有技术力量的梯队，严防脱岗。

（四）产后观察的重要性

例 7，某孕妇，23 岁，孕 40 周，阵发性腹痛 5 小时，急诊入院，住院查体血压 120/70mmHg，脉搏 82 次/分钟，呼吸 19 次/分钟。宫口开大 1cm，胎先露坐骨棘上 1cm，胎膜未破，4 小时后自然破水，羊水Ⅱ度，宫口开全，36 分钟后自然娩出一女婴，重 4010g，9 分钟后胎盘娩出，胎盘完整，母体面胎膜全部残留，行手取及钳夹胎膜，子宫收缩可，后羊水清，300ml，宫颈裂伤缝合，产时出血 1350ml，给输压积红细胞 400ml、血浆 400ml。产后 15 分钟、30 分钟均有观察记录，产后 1 小时测血压 100/70mmHg，脉搏 120 次/分钟，呼吸 20 次/分钟，出血 100ml，少量凝血块，诉胃部不适、心悸、视物不清、躁动，查子宫软，按摩子宫后宫底脐下 1 指，阴道出血 200ml，凝血块少见，给吸氧，开放静脉，急查血常规、凝血全项。10 分钟后血压 60/40mmHg，脉搏 100 次/分钟，阴道出血 200ml，为不凝血，静脉滴入地塞米松，气管插管，加压给氧，急配新鲜血。产后 1 小时 20 分钟时产妇两侧瞳孔散大，对光反射消失，血压 40/20mmHg，脉搏不清，呼吸 10 ~ 12 次/分钟，锁骨下静脉穿刺成功，气管插管接呼吸机。血化验结果：血红蛋白 42g/L，血小板 132×10^9/L，血不凝，凝血酶原时间、纤维蛋白原、活化的部分凝血活酶时间均测不出，纤维蛋白降解产物 >20μg/ml，D 二聚体 1159.99ng/ml。考虑为羊水栓塞，弥散性血管内凝血（DIC）。全院组织全力抢救 4 小时，心肺功能及意识未见恢复，家属放弃治疗，产妇死亡。

例 8，某孕妇，34 岁，不孕症治疗后妊娠，孕 38 周，住院行剖宫产术，手术顺利，返回病房后 3 个小时无观察记录，术后 3 小时产妇诉心悸、憋气，血压 105/70mmHg，脉搏 160 次/分钟，呼吸 23 次/分，给吸氧，做心电图为窦性心动过速，给服普萘洛尔（心得安）10mg。术后 6 小时产妇血压80/50mmHg，脉搏 168 次/分钟，面色苍白，精神差，腹胀，移动性浊音（+），B 超检查有腹腔内液性暗区，考虑腹腔内出血。行二次探查手术，见子宫切口右侧有延裂，缝合时遗漏，有活动性出血，腹腔内积血 2600ml。

例 7 为产科严重并发症——羊水栓塞，产妇因病情危重死亡，但产后观察仔细，及时明确诊断，组织全力抢救，医院在诊疗过程中无过失。

而第二例剖宫产术后 3 小时无病历记录，医师在病人出现异常临床表现时未认真检查，判断失误，错误用药，延误了诊断治疗，且不说第一次手术的问题，术后临床观察就有严重失误，违反了诊疗常规。

三、加强三级查房制度，拓宽知识面，广泛吸取经验、总结教训，改进工作

例 9，孕妇，32 岁，孕期平顺，无阴道出血，既往有 4 次人流、过期流产史，孕 24 周 B 超检查提示胎盘覆盖宫颈内口，之后数次 B 超检查胎盘位置同前，诊断为前置胎盘。为选择认为吉利的出生日期，在孕 38^{+6}周时，于晚间急诊住院，当晚行急诊剖宫产术。术中见胎盘附着子宫下段，覆盖子宫内口，胎

儿娩出后胎盘剥离困难，为植入胎盘，子宫收缩差，子宫下段大量出血，立即配血，请上级医师来院，向家属再次交待病情。上级医师上台行全子宫切除术，急招血库及市输血站紧急配血，术中出血3500ml。因手术抢救及时，产妇度过手术关，术后恢复良好。

例10，一孕妇孕期两次B超检查提示双侧卵巢大于正常，怀疑为卵巢肿瘤，经人介绍到妇幼保健院找了一位医生要求行剖宫产术，同时切除肿瘤。这位医生未经上级医师检查，无术前讨论，在卵巢增大性质不明的情况下，自作主张在剖宫产术时切除了双侧卵巢，病理结果卵巢结构正常。

上述两例都严重地违反了医疗常规，没有上级医师查房意见，没有术前讨论，擅自决定手术时间和手术方案。例9的主治医师认为既然没有出血就不是前置胎盘，她不了解不出血的前置胎盘其实更应该警惕有胎盘植入的可能。例10是一起严重的医疗事故，应该说这位医师根本没有当医师的资格。

严格遵守三级查房、术前讨论、科室间会诊等制度既可尽可能地保护患者的利益，也可保护医务人员自身的权益。

医院应进行定期病例讨论，每月一次产科质量评审，对重点病例（包括病情复杂病例、抢救成功和失败的病例）及工作中反复出现的损伤、差错都要认真讨论，对事不对人，目的是找出差距，共同提高。曾有一个医院产科在短短的半年里发生6例新生儿锁骨骨折，其中只有2例为巨大儿，其他几例为正常体重儿，又无头盆不称，但每一例都诊断为肩难产，对此不能不考虑接生手法有问题。接生手法是基本功，要加强训练，有些锁骨骨折、严重的会阴裂伤与接生手法有一定的关系。技术水平的提高，例如新生儿气管插管技术、手术助产技术等，都关系着科室整体的工作质量。

产妇意外损伤，例如剖宫产术后腹腔内出血，是脾破裂出血；阴道自然分娩后腹腔内出血是肝脏损伤。这种损伤是粗暴的助产手法造成的，是应该杜绝的。

现代临床医学的发展使得分科越来越细，在一个科室工作几年，视野会越来越窄。有人开玩笑说，产科医师只认肚子不认人。有些完全可以避免的过错也因此而产生。

例 11，某医院有一孕妇第一次妊娠时，孕 5 个月时胎死宫内，医院为此免去了她的住院费用还给了经济赔偿。第二次孕 4 个月时收住院保胎治疗，住院后第二天胎心消失，再一次胎死宫内。主治医师追问病史，患者有关节肿痛、药物过敏皮疹的病史，门诊孕期检查时尿化验蛋白（+ ~ ++），红细胞 8 ~ 10 个/Hp，白细胞 6 ~ 8 个/Hp。住院后化验血红蛋白 88g/L，血小板 72×10^9 g/L，尿蛋白（++）。补查血沉 42mm/L，查抗核抗体谱、狼疮细胞等，确诊为系统性红斑狼疮，引产后转内科治疗。

例 12，一孕妇孕 32 周时腹痛，门诊以先兆早产收住院，主管医师检查发现孕妇无宫缩，为上腹疼痛伴恶心、腹胀，上腹部有压痛，经查血淀粉酶，确诊为急性胰腺炎。主管医师及时请内科会诊、治疗、好转出院。

以上 2 例都说明医师应拓宽知识面和扩展思路才能避免误诊。

医务人员要正确看待自己和患者之间的关系，要多从患者的角度思考问题，找出工作中的不足之处。

一些经历过难产的妇女谈起在产科住院时的情景，都会说生孩子是一场苦难，而对曾经体贴照顾过她们的医护人员，尤其是抢救过她们母子生命的医师念念不忘，有的与医务人员保持多年的联系，成为很好的朋友。所以医师们只要尽职尽责地把工作做好，高发医疗纠纷、高风险的产科工作就会得到人们和社会的认可。

（刘丽光）

妇科、计划生育工作中的医疗纠纷剖析

众所周知，生命属于每人只有一次，它珍贵；健康是幸福的源泉，它重要。人们将珍贵的生命及重要的健康托付给鬼门关的守护神——医生。人们不管病情多么纷繁复杂、危重难治，将一切希望和代价交给了医师，只因为他们渴望起死回生，只因为他们企盼健康，只因为医师是神圣和救命的代名词，只因为医师从事着受人尊敬、治病救人的崇高又伟大的事业。

然而，日益增加的医疗纠纷和诉讼、日益激化的医患矛盾和冲突、日益攀升甚至离谱的索赔数额、日益升高的医闹热度、日益降低的患者对医院的信任、日益毁灭的医师荣誉和形象，已严重地影响了正常的医疗秩序和工作，使领导苦不堪言，左右为难；使医护人员忧心忡忡，束手束脚。这是医疗行业中日渐增温的老问题、新表现，必须日夜兼程，设法解决。因而冷静科学地分析其原因，制定防范措施，降低医疗纠纷，已是当务之急。

在各种医疗纠纷中，其发生的原因可分为：

一、主观因素

（一）医务人员不负责任或责任心不强是不可饶恕的行为。某些医疗事故或纠纷与医务人员不负责任或责任心不强有关。虽然通常那是他们的无心之过，却造成了十分严重的后果。

例1，某女，26岁，未婚，因右下腹疼伴恶心1天来医院就诊，诊断为右卵巢肿瘤蒂扭转，未经仔细询问病史及全面体检行开腹探查，打开腹腔后又违反了先探查后手术的原则，即将扭转360°的右附件切除，然后探查左侧卵巢及左输卵管时，才发现左输卵管缺如，追问病史方知道患者21岁时发生宫外孕，在腹腔镜下切除了破裂的左输卵管。对于一位未婚女性，双侧输卵管都被切除了，只剩下左侧卵巢和一个子宫，婚后生育将成为问题。

例2，某女，35岁，高龄初产，珍贵胎儿，孕7个月，因发烧来院就诊，但医师未问药物过敏史就开了青霉素，患者告诉打针的护士，自己对青霉素过敏。护士不负责任，以“医师开什么，打什么”这样一句冷冷的话“回敬”了患者。结果这一针引发了患者严重的全身剥脱性皮炎，胎儿死于早产，病人在医院治疗了8个多月。这不是草菅人命吗？

例3，某老太太，71岁，因阴道出血，下腹不适一周收入妇科。入院化验检查为血尿，经膀胱镜检查，确诊为膀胱癌转泌尿外科。手术4年后，出现左腰疼，B超提示左肾积水、左输尿管上段扩张，下段狭窄，MRI确诊为左输尿管（下段）癌，再次住进泌尿外科，切除左输尿管下段，上段经皮肤造瘘。术后不久发生两次泌尿系感染，大量使用抗生素后又导致了药物性肝炎。后来出现精神萎靡不振，BUN、肌酐上升，Hb下降，诊为肾功能不全、尿毒症，进行血透，家属不理解病情为什么急转直下，拒绝接患者出院（已住520天），发生医疗纠纷后，专家组也解释不清尿毒症的原因，后找来患者过去就诊的病历，仔细翻阅，发现1996年时，患者右肾已萎缩，肾功能不全，然而患者两次住院病历上均无记载，估计主管医师也不知道这段病史，当然也未告知家属，所以家属对患者病情恶化不解，试想，但凡医师细心些，这起医疗纠纷是否可以避免呢？

（二）忽视患者主诉

例4，某女，44岁，因子宫内膜异位症，在腹腔镜下切除了盆腔内广泛粘连的子宫，术中发现直肠前壁有损伤缝合2针，术后几日病人曾告诉医师阴道排出黄液，甚至出现吃的黑芝麻，并未引起医师注意，向患者解释道：“这是正常的，过几天就好了”。患者出院后，阴道排异物量增加，于当地医院诊为直肠阴道瘘，患者再次住院做了横结肠造瘘术，半年后才行直肠阴道瘘修补及横结肠还纳术。1年内病人3次手术增加了其痛苦及花费，生活上带来不方便，患者能不投诉吗？

（三）提高医疗技术操作水平，减少医疗事故和纠纷

诊疗中反复出现的同一类型的损伤及并发症，可能存在技术操作问题。

例5，某医院，一年内在非巨大儿或肩难产的情况下，出现多起新生儿锁骨骨折。科室只强调①工作太忙；②高出生率导致数量与质量间矛盾；③锁骨骨折虽多些，但未超出发生的限定标准。笔者认为这种态度是不可取的，不能只强调客观，应进一步检查医疗技术操作是否有问题或不规范，从而导致短期内发生多起同类并发症。医疗纠纷的案例中确实也存在因技术水平和能力不足，导致医疗过错的现象，尤其在新人培养，新技术、新仪器开展之初，是出现医疗过错、纠纷的高峰期，防范的措施不是停止新技术、新仪器的使用，而是请有经验的专家或上级医师把关指导，使培养的新人尽快提高医疗技术操作水平和能力。

（四）强调患者个性化管理

例 6，某女，42 岁，因月经过多伴重度失血性贫血（Hb 45～58g/L 间）已十余年，诊为功能性子宫出血、子宫腺肌症，在全麻及腹腔镜下行子宫全切除，术后 4 小时猝死。患者死的突然，甚至连死因都不清楚，尸检的结果除了脑水肿、小脑扁桃体疝外，其他无明显与死因有关的病理改变。经过讨论、分析，专家认为该例患者围手术期的管理，略显粗糙，没有突出个性化，术前病历讨论形式化，术前准备欠充分，对于长达十余年的重症贫血病人未考虑其组织器官因长年缺血缺氧，耐受力、代偿功能都有别于一般患者，并且患者从住院到手术共住院 12 天，其间还做过一次诊断性刮宫手术，子宫切除前输悬浮红细胞两次，只查了一次血红蛋白，由 52g/L 升高到 98g/L 便进行了手术。术前准备略显匆忙。

（五）诊疗过程违规操作和处理，也是导致医疗事故纠纷的主要杀手

例 6 中，除了术前管理不细，术后护理同样有问题，全麻患者未清醒时送回病房，直到术后 4 小时死亡，患者一直未清醒，返回病房监护过程中，当患者血氧饱和度下降时，护士自认为仪器出故障，自行拔除。这一系列违规操作造成了患者意外死亡的后果。

常规制度出自于血的教训。为了避免违规，医院领导应反复强调其重要性，凡是违规出现的问题须严格处理，以起到警示作用。

（六）病情告知不能形式化

各医院印刷了各种形式的告知书，内容广泛全面，涉及各个方面，告知书上虽有家属及患者的签名，但因告知问题导致的医疗纠纷仍频发，原因可能与以下几个方面有关：

1. 告知过于专业化　家属或患者听不懂、不明白专业的术语，建议告知要通俗易懂加耐心。

2. 告知过于绝对化 说话不留余地，例如："这手术绝对安全、没问题"，"做了手术，功能可以完全恢复，和正常一样"，"做完手术就全好了"，等等，这类绝对化的告知使患者及家属期望值过高，一旦结果低于其期望值，便被他们视为失败，必然要投诉。

3. 术中或治疗中改变原方案，尤其需要切除某器官时，即使是为救命不得已而为之，也必须得到家属的同意签字。

例7，某女，36岁，卵巢肿瘤术中，因冰冻病理报告为恶性肿瘤，决定扩大手术范围。医生向患者的丈夫口头交待（未签字）后实施了手术。术后当患者得知子宫及双卵巢都被切除，便大哭大闹叫喊："我死了，也要是一个完整的女人，谁让你们切了我的子宫！"

（七）各医院、各科室、同科室医务人员相互不拆台、不指责、不说不利于对方的话，坚决杜绝手术台上聊与病情无关的话和事

在出现医疗纠纷时，患者常常会指出医师聊与手术无关的事，认为他们不专心手术所以出问题。医务人员之间相互拆台和指责也常常被患者利用，从指责中找出矛盾和根据作为投诉的证据。

例8，某新生儿出生后锁骨骨折。该新生儿因肺炎转入新生儿病房时，儿科及放射科医师指责产科未及时发现病患。这句话在医疗投诉时被家长作为依据，不断强调"儿科、放射科两位医师如何如何说"。

医疗纠纷的主观原因远不止以上这几方面，但只要我们遵守高尚的职业道德，把病人视作亲兄弟姐妹、父母，尊重患者、尊重生命，对医疗技术精益求精，时时提醒自己以人为本，提倡人性化、个性化的服务，医疗纠纷一定会减少。

二、客观因素

（一）病人的"火"该向谁发？

医疗制度改革后，由原来国家对职工医疗费用大包大揽，到小病要花钱，大病花大钱，人们从意识上、行为上、习惯上、认可上都来不及改变。尤其对于复杂的、危重的、慢性疾病的患者，吃药和吃饭一样重要，医疗费用成为他们的巨大财务负担。衣、食、住、行、医、葬这一人生不可少的生活程序打乱了，患者把医师放在这一程序中的第一位。没钱，衣、食、住、行可降低水平和标准，惟一扛不住的是逐年逐日增加的医疗费用，于是医药费用成为和谐社会的不稳定因素之一，老百姓对此抱怨、不满，这“火”该向哪里发啊？只能向直接收他钱的医院及医护人员发泄，病治好也不满意，因为花钱太多，治不好就大闹，就要求补偿损失，就狮子大开口索赔。

例9，某女，74岁，绝经22年，患高血压30年，糖尿病20余年，冠心病（曾行冠状动脉旁路移植术）、脑中风偏瘫多年。因阴道出血，怀疑子宫内膜癌收入妇科。住院第五天，患者突发大面积心梗，转入CCU病房。由于病情复杂、危重，医护人员虽努力抢救，仍回天无力，最终老人死亡了。该案例中，抢救全过程无明显不足，但家属仍然不依不饶，索赔300多万元。医师面对这种状态很为难，不救不行，救了花费多了不行，死了更不行。医师们只能仰问青天：“我们该怎么办啊？”

（二）一些医生的不良医德、医风激起人们的抱怨

索要红包有悖治病救人的宗旨，是与偷患者的救命钱同罪的不道德行为，患者的不情愿、无奈、敢怒不敢言埋下了医疗纠纷的导火索。商业贿赂、医药回扣，直接损害了患者利益，可谓火上加油。其实医院只是大社会的小缩影，大社会上的一切好与坏、善与恶毫无保留地渗透到这个小社会里。医院里的受贿者更加招人怨恨，因为贿赂的钱出自于危难患者的救命钱。因此有些患者对医院、医师有抱怨和不满。为防范类似不道德行为，有关部门应自上而下一起抓，从加强医学院学生的职业道德教育开始，坚决抵制社会上普遍存在的商业贿赂等不

正当手段。

(三) 患者能认同科学是有限的，神学是无限的道理吗?

医学发展至今，人类对自身仍有很多秘密尚未揭晓，还不认识，因此要求医师像神，手到病除，是伪科学的、反常规的。事实上，科学是有限的，实际上医学是严格的科学，必须实事求是，行与不行不是希冀、想象、渴望、乞盼可以改变的。然而患者在病痛面前、在生死存亡的关头，把医师视为神人、仙人、救命之人、上帝之手，扩大了医学、医师的能力，认为没有治不好的病，没有救不了的命。不该治不了。因此对治病救不了命的结局，不能理解，更无法接受。

例 10，某女，27 岁，从 17 岁起就有多个性伴侣，9 年中先后做了人工流产 11 次，婚后继发不孕，四处求医，经历了各种不孕症的检查，花了钱、受了罪仍未受孕。最后，她不但对自身原因毫无认识，还得出结论："医生都是笨蛋。"

(四) 高风险的职业与常在河边走哪有不湿鞋的道理

世界上有许多风险含量很高的职业，医师是其中之一。人类的疾病千千万万种，同一疾病在不同个体既可以出现典型症状也可出现不典型的表现；同样程度的疾病，因年龄、健康状态、合并症、体质等方面的差异，预后会不相同；某些疾病随着科学的发展，人们生活习惯及方式的改变，自然界的变迁，致病源的耐受变异而发生改变，例如艾滋病的出现，又如在我国业已消灭的性病又死灰复燃，居住在城市里的患者身上发现城里人不多见的阴虱。这些变化如未被注意，就可能导致医生的误诊、漏诊。

学生都怕考试，其实患者每次就诊都是对医师知识的全面性、思维的敏捷性、逻辑性、临场经验的丰富性进行全面的考核与检验。特别对待急诊患者，时间上的刻不容缓，棘手的病情，手术台上有异于术前的诊断或新情况的出现，均需医师立即判断，果断决定，这一刹那将决定患者在生死的哪一头，将决定康复还是残疾和遗憾。医生天天、时时处于高风险状态。常言道:“常在河边走哪有不湿鞋?”

例11，某女，56岁，做胸部CT检查时，注射CT加强药物前，过敏试验阴性，但在推药过程中，因过敏猝死在放射科，这种意外使医师倍感郁闷，过敏试验阴性可信吗？又如何判断谁可能发生意外呢?

（五）媒体不公正、片面的报道

近些年，电视、报纸——多种媒体常报道医疗行业中的黑暗面。片面的报道会加剧大众对医院的不信任，导致医疗纠纷的发生。诚然，确有些事故的确令人发指。

但绝大多数医务人员没节没假，日夜坚守在高风险的岗位上，抢救患者生命，保障人民健康。医师们在手术台上一站几小时，甚至十几小时，不吃、不喝、不睡，这些辛劳的医师们没有抱怨、不诉苦，每当患者救活了、治好了，辛劳困乏都会被成就感所替代。媒体应站在公正的立场上予与正确报道。

（六）医疗纠纷推波助澜的新动向——“医闹”

随着医疗和法律知识的普及，我国逐步走向法制轨道，患者要求对疾病的知情权、手术及输血同意权，提高了自我维权意识。这些都是社会的进步，它充分体现了我国是维护人权的社会，本是好事。相信任何人都不会拿自己的生命和健康做致富的筹码。然而一旦发生了医疗纠纷，除了家属维权的奋争外，近来新崛起的“医闹”，帮助家属出谋划策，推波助澜，给医院带来不少的麻烦。他们从赔偿当中提成，为了钱，他们惟恐纠纷不闹大。这个“行业”应遭受全社会的唾弃和法律的打击。

作为医师，没有人希望事故不断，而给予患者二次生命，还健康给他们才是医师们一生的追求。尽管在高风险的职海中难免出现“常在河边走哪有不湿鞋”的结果，然而少“湿鞋”和“不湿鞋”肯定是每位医师的最大愿望和终生奋斗的目标。

（盖文丽）

第三部分

典型医疗纠纷案例解析

案例解析一

患者，男性，58岁。下午6点，晚饭吃烧饼后，出现上腹部痛并腹泻1次，到某乡卫生院就诊，做心电图未见异常，于晚8点转到某二级医院急诊，医师询问病史及体检，又做了心电图、查大便常规，均未见异常，认为是“胃病”。给予输液、肌注止痛药。输液过程中患者曾诉上腹痛难忍，并向左后肩背部放射，伴心悸、气短。家属曾四次找过医师，医师问以前是否有类似发作，回答以前有胃病，服“雷尼替丁”有好转。家属又反映患者“打嗝”，提出“是否肠梗阻？要不要拍片子”？在患者家属的提醒下，夜班医师开出做X线腹部平片检查。次日0:40拍片过程中，患者突然意识丧失，心跳、呼吸停止而猝死。抬到抢救室立即进行胸外心脏按压，心电监护，简易呼吸器辅助呼吸、后改气管插管呼吸机辅助呼吸、电除颤等复苏抢救措施两个半小时，均无效，宣告患者死亡。

☆ 医患双方纠纷焦点

患方诉称：医院诊断我父亲患的是胃病，也是按胃病输液治疗的，怎么会在做X线检查中突然死亡？我们是走着进医院，好好一个人，怎么在不到一天的时间里死去？胃病怎么会死？你们太不负责任，你们草菅人命！我们要讨个说法！

患者家属们十分激动，来了七八个人要打人。

院方认为：我们也没有想到患者会突然死亡，这种死亡应该是猝死。此患者不发烧，心电图未发现异常，从医疗的过程看，我们没有明显过错，但患者在照X线光片子过程中突然倒地，心跳、呼吸停止而死亡，让家属不能接受，家属的不理智行为，我们能理解。我们好像有推卸不去的责任，并且显得那样无助，我们希望家属能接受尸体解剖，以便弄清楚死亡原因，也好知道我们的过错在哪里，才能改进工作。

☆ 专家组分析讨论

甲专家分析认为：患者从上腹痛致突然猝死，仅4小时40分钟。所给资料中没有心电图、血压及心率的记录。只有患者家属写的信中说“心电图及大便都没事”。在0:40分拍片过程中患者突然意识丧失，心跳、呼吸停止而猝死。这种猝死，多数可能由于本身疾病凶险而致死。如不做尸检，很难确定死亡原因，从过程来推测，心源性猝死可能性挺大。

乙专家问：我不是内科医师，请问心电图未见异常，是否可以完全排除急性心肌梗死？假如此患者心肌梗死的可能性没有完全排除，又让患者去做X线检查，是否违反了急性心肌梗死不应让患者活动的医疗常规，对于患者的死亡，医院是否存在过失？

甲专家回答：从患者有心前区疼痛到心电图出现心肌梗死图形，所需时间长短不一，一般认为最长大约需要6个小时，不过此患者从6点钟吃晚饭，到半夜，其中做过两次心电图，家属说都正常，当然我们没有看见心电图，无法仔细比较两次心电图有没有动态的细微变化。不好准确下结论说“心电图完全正常”。起码说明尚得不到明显心电图异常的证据，也就是说缺乏心肌梗死的证据，因此当患者再次上腹痛难忍，家属又反映患者“打嗝”，提出“是否有肠梗阻？要不要拍片子”时，在患者是吃烧饼后上腹痛，并有腹泻，没有心肌梗死证据的前提下，医师为排除肠梗阻而让患者去拍X线片子，从内科角度看，不存在违反医疗常规。

又有专家问：此患者的猝死，原因目前很难确定。除了心源性猝死外，是否还有别的可能？

丙专家认为：同意以上各位主任的分析。我认为应该向患者家属安抚其感情的创伤后，真诚地告诉他们做尸体解剖的必要性，因为弄清患者死亡的病因，才可使家属得到明确的交代。医院也应改进其不足之处。我认为，该患者有心肌梗死的可能性，但也应考虑可能是重症出血坏死性胰腺炎，有四点理由支持重症出血坏死性胰腺炎：①患者是在晚饭吃烧饼后发现上腹痛，一般急性胰腺炎大都发生在进食油炸食物或饮酒后，目前我们不掌握该患者晚饭除了吃烧饼外，是否喝过酒、吃过油炸食品，起码说明患者的上腹痛与吃晚饭有密切关系；②特别在该院输液过程中患者诉上腹疼痛难忍，且向左后肩背部放射，急性胰腺炎疼痛的典型部位在上腹部或上腹部偏左，因为胰腺位于腹膜后，当发生胰腺炎时疼痛可以向左后背放射。此患者输液过程时的疼痛性状，有点像急性胰腺炎；③急性胰腺炎分为单纯性（水肿性）胰腺炎和出血坏死性胰腺炎两种，急性单纯性胰腺炎为最常见，这种病呈现良性过程，一般治疗效果好，几乎都能痊愈出院，不会使患者死亡。但急性出血坏死性胰腺炎则来势极为凶险，死亡率极高。有的患者表现为猝死，既不能预测，也来不及抢救，因为可以根本没有临床症状，患者经常在夜间睡眠中悄然死亡，或在白天工作中倒地而死。这种非正常的意外死亡，只有靠死亡后做尸体解剖才能确诊。此患者虽有上腹痛，但其死亡过程那样突然，有很大可能是急性出血坏死性胰腺炎，但必须有尸体解剖才能确诊；④同意甲专家的分析，支持此患者是急性心肌梗死的证据不足，也让我们考虑患者因患重症出血坏死性胰腺炎发生猝死的可能性增大。如果尸体解剖后真的是重症出血坏死性胰腺炎的话，该患者的死亡是由于本病的突发致死，此病不容时间抢救，即可致死，医院对此只能表示同情，而没有过失。

☆ 协调结果

协调员按照专家组分析的思路，首先请患者家属到医院外并多次安慰他们，淡化他们的痛苦，通过多次的接触和沟通，在短时间内说服家属从坚决不做尸体解剖到同意接受尸体解剖。在规定的时间内做了尸体解剖，结果证实患者直接死亡原因是急性出血坏死性胰腺炎。尸体解剖得到的公正结论，使家属为医疗纠纷协调中心专家的高技术水平，高度的同情心，全面和细致的讨论，及对案例分析公正的态度所折服，能更理智的接受其亲人死亡的客观事实。虽然患者尚在中年就突然离去，家属在感情上难以接受，但了解了此种病来势凶险，医师不可能有抢救时机来救活亲人，家属对此表示理解。尽管医院在患者生前没能明确诊断，是由于疾病本身的不典型，和当时医师的技术水平有限，但该病即使诊断明确，也难以避免患者的猝死。协调中心专家建议：通过该极不典型重症案例纠纷的发生，该院医务人员应提高对突发急性心肌梗死的诊断警觉，即使心电图（ECG）还不能诊断心梗，也要按心梗处理，不应该误听家属意见让患者去拍 X 线片，这样有可能在某种程度上避免猝死的发生。医师未能及时想到还有急性出血坏死性胰腺炎的可能，而错误地当胃病治疗，存在误诊。应组织全院医护人员学习，以提高对不典型急性出血坏死性胰腺炎的诊断和救治水平。该例不属于医疗事故，患者死亡是由于严重疾病本身所致。医院对患者死亡不负有责任。调解结果达到家属和医院双满意。

案例解析二

患者，76岁，于2006年，因柏油便2天、呕咖啡样物1天，从外院送某三级甲医院急诊。入院前柏油便7~8次/天，呕咖啡样物3次，每次呕吐约300ml，近1个月腹胀、双下肢浮肿。在外院曾查Hb 86g/L，予输血200ml。既往患高血压病30多年、冠心病20多年、3个月前发作过心衰（可疑），发现心脏增大，40年前有输血史。入院查体：神清，贫血貌，血压（BP）150/70mmHg，心率（HR）104次/分钟，双下肺少许湿啰音，腹膨隆，肝脾触诊不满意，移动性浊音阳性，双下肢可凹性水肿。实验室检查：白细胞 4.4×10^9/L，血红蛋白88g/L，血小板 117×10^9/L，丙氨酸转氨酶（ALT）24U/L，天冬氨酸转移酶（AST）59U/L，血清蛋白20g/L；大便潜血：阳性；凝血功能异常：纤维蛋白原（FIB）1.43g/L，凝血酶原时间（PT）16.3秒，活化部分凝血活酶时间（APTT）46秒，D－二聚体（D－D）4.03mg/L，纤维蛋白裂解产物（FDP）80mg/L。X线胸片：双肺间质病变，左中肺炎症？心脏增大。急诊诊断：肝炎后失代偿期肝硬化，合并上消化道出血，低蛋白血症，失血性贫血？肺部感染？高血压、冠心病、心功能不全。经止血、补液、抑酸、抗炎等治疗10小时后，患者呕血暂停止。B超显示：肝普遍性缩小，呈弥漫性病变。请传染科会诊，考虑肝炎后肝硬化，合并上消化道大出血，同意收传染病房诊治。在救护车转送病房途中，患者突然憋气，呕鲜血，立即转回急诊科抢救，途中大约5分钟。到急诊后立即请麻醉科医师气管插管，吸出气管内的少量血液及分泌物，经呼吸机辅助通气，止血、扩容、强心，患者心率从100次/分逐渐增快至148次/分，血压逐渐下降。血气检查：pH7.09，$PO_2$42，呈严重代谢性酸中毒。经4小时左右，抢救无效死亡。

☆ 医患双方纠纷焦点

患方诉称：母亲乃上消化道大出血，出血量大，在病情还没有稳定时，用急救车收入病房的过程中，应该由医护人员陪送。记得当离开急诊科时，急救车司机还问："有谁陪送"？可见重患者应该有人陪送，而该院急诊科却无人陪送，导致母亲在急救车内呕血，无人抢救，既未给吸氧，又无气管插管的抢救，而使呕吐物吸入气管，造成死亡。要求医院对母亲的死亡负全部责任并赔偿。

院方承认：患者诊断为肝炎后失代偿期肝硬化，合并上消化道出血、低蛋白血症、失血性贫血。当时出血暂时停止，生命体征尚稳定而收其住院，是对患者负责。诊断和治疗中，没有违反医疗常规，而且治疗是有效的。因为急诊科抢救工作紧张，抽不出人员，急救车转送病房途中，没有派护士护送，是存在一定不足，但患者的死亡是由于本身疾病严重发展所致，医院对患者的死亡表示同情，不需要负全部责任，不属于医疗事故。

☆ 专家组分析讨论

甲专家分析认为：患者诊断肝炎后失代偿期肝硬化，合并上消化道大出血，出血量大，合并失血性贫血、低蛋白血症，诊断正确。该院在急诊室给予止血、补液、抗炎、等治疗10小时后，患者呕血暂停止。说明治疗正确、有效。B超显示：肝普遍性缩小，呈弥漫性病变，符合肝硬化。已请传染科医师会诊，同意急诊科的诊断和处理，同意收其住院，并开出住院证。对于一个上消化道大出血的患者，原则上不宜较长时间留在急诊，以免再出血时，各种抢救条件都不如病房好的急诊科无法很好地完成抢救，所以急忙收其住院也是正确的。收住院的条件应该在病情相对稳定时，抓紧办理。该院急诊科医师在患者未再呕血或便血，血压、脉搏等生命体征尚正常时，赶紧用急救车收入本院传染病房（因该院急诊离住院部约有半站地），也是负责的，对患者来讲是万全之策。其不足之处是，医师没想到在短短几分钟内患者又会大吐血，而没有派医护人员陪送。

乙专家问：如果有医护人员陪送，患者在急救车内再次大出血，是否可使患者免于死亡？

丙专家回答：即使有医师或护士陪送，在急救车内患者再次大量呕血，也不能使患者免于死亡。因为肝硬化的大量呕血，一般涌吐而出，急救车内尚不具备气管插管的设备。再说，陪送的医师或护士也无法做气管插管。目前气管插管一般由麻醉科医师才能完成。所幸开急救车的司机，一听患者家属说，“该患者又呕血”，立即掉转方向，将患者拉回急诊科，立即进行抢救。无奈，虽到急诊室，立即行气管插管，吸出气管内的血液及分泌物，经呼吸机辅助通气，强心、止血、扩容、升压，也未能使患者生命得以挽回。

有专家又问：这个患者大出血造成死亡，她本人还有哪些不利的因素？

甲专家回答：不利因素有三：①该病人是70岁高龄老人，年龄大，血管总有硬化，加上患者有高血压30年，加重了动脉硬化，老年人伴有动脉硬化者的血管弹性更差，出血血管的破口，不容易因血管收缩而止血；②肝硬化的患者，往往有凝血功能的异常，事实证明，患者化验结果的确显示其存在凝血功能减退，因而血管破口处血液不易凝固，不利于止血；③患者有冠心病、心功能不全，不容易承受重病抢救的负担，极容易发生心肺功能衰竭而死亡。故而认为，患者因肝硬化失代偿期、上消化道大出血伴有凝血功能异常及左心功能不全而死亡，其死亡原因是本病严重发展、心肺功能衰竭所致，虽然转院过程中，医护人员没有陪送是不足之处，但即使陪送也不一定能挽救患者的生命。在患者抢救过程中，治疗和检查符合规范，无过失，不属于医疗事故。建议该院建立重症病人收住院过程中应有医护人员陪送制度，并将其列入医院管理的监督内容。对患者的死亡，我们深深表示同情，建议医院应负极小部分责任。

☆ 协调结果

经过协调员将专家分析讨论意见向患者家属传达并多次沟通后，患者家属情绪逐渐冷静下来，承认其母亲本身具有多种严重的慢性病，一遇任何病打击，就有可能引起生命危险，又因患有晚期肝硬化，还合并急性大出血，身体的承受能力更有限，容易凶多吉少。对上述情况患者家属表示理解，但还是接受不了母亲的突然离去，认为医院如果在转院途中有人护送，即使救不过来，作为子女心里也好接受些。最后，该医院从医院及急诊科层面进行了整顿改进，由保险公司赔付了小额费用，以抚平家属感情上所受的伤痛。

案例解析三

患者，女，60岁，因突发上腹痛1天，以“急性胰腺炎”住进某二级甲等医院普外科。入院查体：急性病容，皮肤、巩膜无黄染，心、肺（-），腹部饱满，中上腹及右下腹压痛，以上腹为著，Murphy's征阳性，肝区叩痛阳性。辅助检查：血淀粉酶：2494.8U/L（正常值<220U/L）、白细胞 9.4×10^9/L。初步诊断：急性胰腺炎。给予禁食禁水，胃肠减压，维持水、电解质平衡，控制及预防感染，抑制胰腺分泌等治疗。其中抑制胰酶活性，使用5-FU 0.5g入壶，每日2次。以上治疗方案进行了7天，在治疗过程中，患者的腹痛症状明显减轻，但出现口腔溃疡、全身乏力等症状，且逐渐加重。实验室检查发现白细胞、血小板及红细胞均有下降趋势，考虑有可能并发再生障碍性贫血。主治医师同意家属要求，安排患者出院。出院后，患者住到另外一家三级甲等医院继续治疗，12天后，患者在这家医院死亡。死亡原因：重度再生障碍性贫血。

☆ 医患双方纠纷焦点

患者家属认为：首诊医院对患者的胰腺炎治疗不当，在患者住院期间，患者已经出现了口腔溃疡、牙龈出血及全身乏力的症状，但经治医师没有足够重视，也没有采取强有力的治疗措施，患者及家属对这家医院失去信任。看着患者的病情逐渐加重，家属才不得不为患者办理出院，而且在出院的当天，患者就住进了另外一家三级甲等医院，该医院以“重度再生障碍性贫血”收治了患者。入院后虽积极抢救，但患者终因病情危重，于12天后死亡。

首诊医院认为：根据患者的症状、体征，以及化验检查，急性胰腺炎诊断明确，医院对患者采取的禁食禁水、胃肠减压、维持水、电解质平衡、控制及预防感染、抑制胰腺分泌等治疗符合诊疗规范，医疗行为无不当。使用5－FU抑制胰腺分泌，是考虑到患者经济困难，而5－FU价格较低，且疗效也很显著。

医患双方为此进行了长达1个多月的争执。其间，患者家属也多次纠集多人到医院“讨说法”，医院与患者家属之间关系异常紧张，医院的医疗秩序和办公秩序也因此受到的一定的影响。

☆ 专家组分析讨论

患者突发上腹痛1天，查体：急性病容，皮肤、巩膜无黄染，心、肺（－），腹部饱满，中上腹及右下腹压痛，以上腹为著，Murphy's征阳性，肝区叩痛阳性。辅助检查：血淀粉酶：2494.8U/L（正常值＜220U/L）、白细胞 $9.4 \times 10^9/L$。根据以上临床表现，急性胰腺炎诊断成立，医院对患者采取禁食水、胃肠减压、维持水、电解质平衡、控制及预防感染、抑制胰腺分泌等治疗，符合治疗原则。患者既往没有再生障碍性贫血病史，胰腺炎也不能诱发再生障碍性贫血，而且患者是在该医院治疗过程中逐渐发病，应该首先考虑医院的用药是否存在问题。

使用5－FU抑制胰腺分泌，在过去的20年来，被医院广泛使用，后来由于有了“善宁”、“善得定”等新药，5－FU逐渐被“弃用”。但是5－FU抑制胰腺分泌经过多年临床应用实践证实，是比较安全的治疗手段。专家们进一步分析医院的用药发现，该医院使用5－FU存在一些不当。根据中华人民共和国药典，5－FU的使用方法为：日用量0.5～0.75g，一个疗程连续使用量5～10g（年老、体弱酌减），用法是加于500ml液体中缓慢滴注。而该医院的使用方法是：5－FU 0.5g入壶，每日两次，一共使用了7天。按照这一用法，患者的日用量是1g

(超过0.5~0.75g)，总量虽为7克，没有超出药典规定，但用法是入壶（违反了加于500ml液体中缓慢滴注的正确方法）。5-FU的使用有可能是引起再生障碍性贫血的原因。为什么说是有可能呢？因为5-FU的不良反应可以有骨髓抑制，但不等于每个人都会发生，这要取决于个人对药物的不同反应。该患者使用此药符合适应证。只是在他身上出现了对骨髓的抑制，有可能与使用方法是加入小壶而不是加在500ml液体中缓慢点滴有关。医院的过错在于5-FU的使用速度不够缓慢，造成的后果是导致患者出现重度再生障碍性贫血，最终死亡，医院的过错与患者的死亡后果之间存在一定的因果关系。

医院对专家的分析意见表示同意，同时也非常感激。因为5-FU的临床应用广泛而且相对安全，此前许多医师的用法、用量都是0.5g入壶，每日两次。该医院在患者死亡后也曾经对患者的病历组织过讨论，但是大家都忽略了“5-FU入壶”。如果不是专家的分析，患者的死亡诱因可能至今仍然没有一个结论，有的医师也许还会错误地使用5-FU加入小壶。该医院领导由此要求全院所有科室对用药方法进行规范，重点是常用药和相对安全的药品，结果又发现了一些类似的错误，而且其中有些错误已经延续了多年。医院对专家组非常感激，是专家们帮助医院分析出诊疗中用药方法的不当，更重要的是正是由于专家的提醒，该医院进行了认真的整改，又纠正了一些多年来“约定俗成”的不规范用药行为，减少了医疗安全隐患。

☆ **协调结果**

通过协调员反复传达专家对此案例公正的分析，指出医院的过失（在用5-FU时，加入小壶中点滴，存在给药速度快于“加入500ml液体中静点”的不足），是可能造成病人发生药物引起骨髓抑制而诱发再生障碍性贫血的。另一方面是由于患者本身的体质而引起了药物的不良反应。经保险公司给予一定的赔付后，解决了纠纷，医患双方都较满意。

案例解析四

患者，女性，54岁，发现左耳上肿物，伴耳鸣，失神发作4年余，入住某医院神经外科。入院查体，神经系统未见异常，CT、MRI检查示左颞顶占位病变，相应部位颅骨骨质增生延及中颅窝底。诊断脑膜瘤侵袭局部骨质，不排除颅骨异样增殖症。经术前准备后于全麻下行左颞顶开颅。术中见肿瘤颅内部分约3cm×2cm×2cm大小，相应脑膜破损，骨质增生。行肿瘤近全切除。肿瘤切除后岩骨部分破损，以肌肉、明胶海绵及生物胶堵塞。硬膜缺损约5cm×4cm，用人工破膜覆盖脑表面，钛板修补颅骨缺损。术后病理报告证实为脑膜瘤，骨组织内浸润生长。

术后第2天，患者出现左侧脑脊液耳漏，经腰穿行脑脊液持续引流未愈。术后1个月经家属同意行原切口开颅耳漏修补术。术中清除左岩骨破损处填塞物，见漏口约1.5cm×0.5cm，再次用肌肉、明胶海绵、生物胶填塞，颅底硬膜缺损以人工破膜粘覆，原钛板复位固定。术后仍有耳漏并继发颅内感染。应用腰蛛网膜下腔持续引流，抗感染及支持疗法，病情渐平稳，但耳漏仍不愈，于耳漏修补术1个半月后请外院耳科专家会诊，协助行第二次耳漏修补术。术中以带蒂颞肌与颅底硬膜缘缝合，颞肌缘与人工硬膜间断缝合，颞肌外以碘纱条堵塞局部空腔并自外耳道引出，去除钛板。术后10天拔除碘纱条后患者又出现脑脊液渗漏。经静脉应用抗生素，一度恢复良好，体温渐趋正常。1周后白细胞恢复正常，改用口服抗生素，再度出现高热，左耳漏明显，并行脑室外引流，脑脊液压力高，细胞学和生化检查符合颅内感染，经抗感染仍高热不退，昏迷加深，血压下降，用多巴胺维持血压，家属要求不进行有创治疗和使用呼吸机，仅维持生理治疗，最终因呼吸循环衰竭死亡。

☆ 医患双方纠纷焦点

患方认为：院方诊疗过程存在重大过失，要求经济赔偿。

1. 肿瘤切除术后出现脑脊液耳漏，医方拖延治疗长达1个月，未给予积极有效治疗。

2. 第一次耳漏修补术前准备不足，采用了第一次手术同样修补方法致使手术失败。

3. 第二次耳漏修补术后，盲目停用静脉应用抗生素导致高热；未应用抗癫痫药物引起癫痫复发；未及时作CT发现脑积水及采取降颅压措施，使病情加重导致患者死亡。

医方认为：左颞顶脑膜瘤，颅骨浸润生长，术后反复左侧脑脊液耳漏，两次修补手术无法停止，继发颅内反复感染，抗炎治疗效果不佳，后出现脑积水，脑疝形成，癫痫发作，继发脑功能损害，同时家属放弃进一步抢救治疗，最终导致呼吸循环衰竭死亡。未提及诊疗过程存在过失。

☆ 专家组分析讨论

本案例左颞顶脑膜瘤侵袭颅骨诊断明确，有手术适应证。因病变接近中颅窝底，切除肿瘤和病骨，致使乳突及岩骨破损，术中虽经修补，术后仍出现脑脊液耳漏，属难以避免的手术并发症。

两次手术修补耳漏均告失败，与漏口部位于中颅窝底显露修补困难，同时肿瘤切除术后，破膜缺损面积大，难以严密缝合等病变本身部位与特点有关。

肿瘤切除术后出现脑脊液漏，应用卧床腰蛛网膜下腔持续引流，同时给予抗炎、支持疗法，符合脑脊液漏的治疗常规，上述对耳漏非手术治疗需要较长时间判断和观察治疗效果，不属拖延治疗；第二次修补术后，在体温正常已1周，血象正常的情况下改用口服抗生素有一定依据；病人有失神发作，入院后一直给予抗癫痫药物，但不一定能防止癫痫发作；第二次耳漏修补术后，根据病程记录，多次换药及查房均未发现颅骨缺损区张力增高，提示当时颅压不高，未行降颅压治疗及做CT检查并未违反诊疗常规。

综上所述，本案例在诊疗过程中无明显违规行为，术后出现难治性脑脊液耳漏继发颅内感染死亡为难以避免的手术并发症，不属于医疗事故。但存在如下不足：

1. 从术前讨论及第一次耳漏修补术前病程记录反映出医方对脑膜瘤侵袭颅底骨质易发生脑脊液漏及其修补的难度估计不足，导致术前思想上和技术上如何防治脑脊液耳漏重视及准备不够，出现术中技术上的欠缺。如肿瘤切除术后硬膜缺损应行人工硬膜缝合而不是单纯缺损部位的硬膜覆盖；岩骨缺损应用肌肉、明胶海绵等填塞后再以筋膜粘覆固定有可能减少脑脊液漏复发的机会。

2. 由于医方对术后发生脑脊液耳漏的估计不足，重视不够，在术前向家属告知方面虽然提及此并发症，但强调不够。

☆ 协调结果

经专家组分析鉴定后，认为本案例为术后发生严重并发症，医方负有轻微责任，经医患双方协商，调解达成协议，按相关规定及医方的责任程度给予患方一次性经济补偿。

案例解析五

患者，女，30岁，于2005年8月2日因孕18^{+5}周在当地产院孕期前检查病历。既往月经规律，末次月经2005年3月24日，预产期2005年12月31日。婚后4年不孕，有附件炎病史，经治疗后妊娠，此次为第一次妊娠，孕期无异常表现。其父患有糖尿病、高血压病。

体检：血压109/60mmHg，脉搏76次/分钟，余无异常发现，子宫大小如孕18^{+}周，相关化验检查均无异常。2005年9月5日孕23^{+4}周做第二次检查，B超提示胎儿符合孕23周，胎儿畸形筛查未见异常，脐动脉血流正常。孕30周因小便时有少量血迹第三次就诊，阴道检查未见出血，B超检查为臀位，相当于孕30一周大小，和孕周基本相符，胎儿畸形筛查未见异常。嘱2周后复查，孕31周检查记录无异常，患者未再按期来院检查。

2005年11月29日患者自行到某三级医院就诊，当时为孕35^{+3}周，检查胎心145次/分，臀位（LSA），查血、尿常规无异常，医师嘱自记胎动，一周后复诊。2005年12月3日患者来就诊时为孕36周，主诉2天无胎动。检查宫高在正常范围，胎心148次/分，胎心电子监测，基线140^{+} bpm，变异窄幅，有4次胎动，提示胎心无应激试验（NST）可疑。医师嘱自测胎动，2天后再来做胎心监测，如有异常随时就诊。12月5日患者来院检查时，未闻胎心，医师追问病史得知已2日无胎动。B超证实胎死宫内，臀位，双顶径8.0cm，胸部塌陷，心脏无搏动，未见血流信号，胎盘位于子宫后壁左侧壁，羊水厚度1.1cm，羊水指数法（AFI）4.3cm，符合羊水过少。即以胎死宫内收入院，2005年12月7日上午11时50分行羊膜腔内利凡诺引产术，下午4时10分娩出一女性死婴，身长45cm，体重1900g，外观无畸形，浸软，部分脱皮，脐带绕颈一周，脐带长45cm，呈紫红色，脐带近胎盘处有长约8cm明显变细，为球拍状胎盘，胎盘大小16cm×17cm×1.5cm，重300g，黑褐色羊水约20ml，无异味。尸解报告：双肺弥漫性出血，羊水吸入，多脏器自溶，胎盘感染呈急性胎膜绒毛膜炎改变。临床最后诊断：妊娠 36^+ 周，G_1P_1，LSA，死胎，胎儿宫内生长受限（FGR），羊水过少，脐带绕颈一周，球拍状胎盘，念珠菌性阴道炎。

☆ 医患双方纠纷焦点

患者认为：转到三级医院后未做B超检查，胎儿宫内缺氧死亡与该院医生的失误有关。要求医院书面道歉和答复，要求医院对患者的身体、财产、精神等方面的损失给予赔偿。

医院产科讨论认为：该孕妇宫高、腹围一直在正常范围，按公式计算的胎儿体重也在正常范围，与胎儿实际体重1900g出入较大，致使临床未能发现胎儿宫内生长受限。该病例胎儿生长受限可能与胎盘因素有关，胎盘较小，又为球拍状胎盘。患者有4年不孕史也不能排除遗传等因素所致胎儿生长因子异常。病理证实有胎盘感染。羊膜腔感染是围产儿病率、死亡率的重要原因。上述的胎盘、脐带异常，脐带绕颈一周，近胎盘处8cm明显变细，可能也是导致胎儿宫内死亡的原因之一。孕末期如做B超检查，可能发现胎儿生长迟缓、脐带绕颈等，但不能改善其不良后果。

☆ 专家组分析讨论

此例胎儿死因与胎盘、脐带因素有关，胎盘较小、又为球拍状胎盘、脐带近胎盘处8cm明显变细等胎盘、脐带异常，在胎儿生长最大加速期（28～38周）导致胎儿宫内发育迟缓，胎儿宫内缺氧，双肺羊水吸入，双肺弥漫性出血，呼吸循环衰竭死亡。尸检病理证实有急性绒毛膜羊膜炎，也是导致胎儿死亡的重要原因。结合患者有4年原发不孕病史，该患者的胎儿宫内发育迟缓，除与胎盘、脐带因素有关外，也不排除为遗传及染色体等因素抑制胎儿生长。

在孕28～36周期间，孕妇和胎儿易出现病理情况，为利于高危妊娠的筛查，北京多数医院规定每2周检查一次。患者孕31～35周未按期做孕期检查，不利于及时发现异常情况。因胎方位为臀位、娩出时测量的胎儿身长为45cm，符合孕36周身长，因此宫高测量可以在正常范围，致使医师未能及时发现胎儿宫内发育迟缓。

孕36周检查时有胎动消失的主诉，但仅做了胎心监测，未做B超检查。B超检查能较准确的了解胎儿大小、胎儿宫内状况、羊水多少及脐带绕颈等情况。如医师对患者所述的胎动消失有足够的重视，在胎心监测有正常范围的胎动、胎心，而NST反应可疑的情况下想到做B超检查，就能发现胎儿宫内发育迟缓、羊水过少、也可能发现胎儿有缺氧、胎儿宫内窘迫等异常情况，能在发生胎儿死亡之前明确诊断。该孕妇孕中期按规定已做过2次B超的胎儿畸形筛查。按规定，孕28～37周不要求做B超，但如有高危情况可做B超检查以利诊断。因胎心监测为 NST 可疑，医师嘱“孕妇自计胎动，2 天后复查胎心监测，如有异常及时就诊”，处置上没有原则性错误。

此案例未构成医疗事故，医师在诊疗过程中未违反诊疗常规。胎儿死亡与宫内的病理情况有关，未做 B 超检查不是胎儿致死的原因，因即使发现异常，采取相应的治疗，也难以避免其不良后果。

专家讨论认为相关医师在诊治过程中有欠缺，未能及时发现胎儿宫内的异常情况，延误了明确诊断的时间，以致发生胎死宫内时，家属及孕妇没有充分的思想准备。医院和科室管理层应注意提高医生的基本功，如产科腹部四步触诊检查的水平，结合辅助检查正确判断胎儿宫内状况，提高孕期高危监护的质量。

建议医院对该患者再次妊娠进行相关的咨询和指导。

☆ 协调结果

经调解医患双方化解了矛盾取得共识，双方对调解结果都比较满意。

案例解析六

患者，女，33岁，2006年7月5日因停经40天到某医院妇科检查，无腹痛、出血等不适。既往月经规律，末次月经2006年5月25日。7年前生育1女，健在，5年前行人工流产手术1次，同时放置宫内节育器，妇科检查子宫如孕5周大小，尿妊娠试验阳性，B超提示宫内可见一胎囊，1.5cm×1.3cm×0.7cm大小，胎囊下方可见宫内节育器，诊断为宫内孕，环位置下移。预约7月6日10时行人工流产+取环手术，有计划生育病历记录和手术知情同意书。手术记录宫腔深度9.5cm，刮出物组织破碎，未见典型绒毛组织。病历记录刮出物送病理检查，嘱一周后（7月13日）门诊复查，如有腹痛及时就诊。2006年7月7日 病理结果：刮出物为子宫内膜组织，腺体呈分泌期改变，间质细胞肥大呈蜕膜样变，未见胎盘绒毛。因患者未交病理检查费，病理报告未按时回报到妇科门诊，患者也未按医嘱复诊。2006年7月20日晚患者下腹痛10余小时，次日清晨加剧，无阴道出血。7月21日晨来院急诊，以异位妊娠收入院。上午10时行剖腹探查术，术中见右输卵管壶腹部妊娠破裂出血，行右输卵管切除术。术后病理证实为异位妊娠。

☆ **医患双方纠纷焦点**

患者认为：是医师误诊，导致她二次手术。要求返还全部门诊和住院手术费用，并要求赔偿患者及家属的误工费、营养费、精神损失费。

医院妇科讨论认为：医师是依据尿 HCG 阳性、B 超结果及妇科检查结果诊断为宫内妊娠，行人工流产手术时未见绒毛组织，将刮出物送病理并约定 1 周后复诊，并嘱有腹痛时及时就诊。患者未按时取病理结果，也未按时复诊，是患者延误了确诊时间，医师诊疗过程中未违反医疗常规。

☆ 专家组分析讨论

异位妊娠在未发生急腹症之前确诊有一定困难，早孕初期 B 超检查有可能将妊娠时增厚的蜕膜看成胎囊，而误诊为宫内孕。在未确诊的情况下有时需观察数日再复查以明确诊断。有时需行诊断性刮宫术，以明确是否为宫内孕，如刮出物无典型绒毛需做病理检查。该病例医生依据尿妊娠试验阳性、B 超检查和妇科检查结果诊断为宫内孕未违反诊疗常规。人流手术刮出物未见典型胚胎组织，送病理检查是符合诊疗常规的，且病历中有嘱“一周后复查，如有腹痛及时就诊”的记录。患者未按时看病理结果和复诊，延误了诊断，患者应负主要责任。但医师术后告知时未强调异位妊娠的可能性和危险性，因此未引起患者足够的重视，属于告知不到位，并未及时追回病理结果通知患者，使患者失去保守治疗的机会，应负次要责任。

患者住院做患侧输卵管切除手术是其本病“异位妊娠、输卵管破裂、急腹症”所致。诊断性刮宫术的刮出物病理检查结果有助于明确诊断，但因患者未及时复诊和未及时回报病理结果而无法利用。

医师告知不到位和未及时追回病理报告，其工作上有欠缺，建议医院健全管理制度，杜绝类似情况发生。

☆ 协调结果

经调解患者对所患疾病有了较客观的认识，同意调解意见。医院也对调解结果比较满意，因使患者失去了异位妊娠的保守治疗机会，医院同意给予患者一定的经济赔偿。

案例解析七

患者，女，16岁，因右下腹疼痛，反复发作而入院治疗。患者于1年余前曾无明显诱因出现右下腹疼痛，伴发热和呕吐，当时体温最高达39℃，呕吐呈非喷射性，为胃内容物，量中等，无腹泻及其他症状。曾就诊某医院，诊为“急性阑尾炎”，静点抗生素3天，症状缓解而痊愈。

距第一次发作后2个月后，患儿再次出现腹痛，以右下腹为主，伴发热及呕吐，遂去医院就诊，诊断为“慢性阑尾炎急性发作”，给予静点抗生素3天，症状再次缓解痊愈，因阑尾炎反复发作，故家长要求手术切除（病例中未见记录家长要求）而入院。

患儿入院后，经详细病史体检诊断为慢性阑尾炎，完善各项辅助检查后择期手术，入院后检查除腹部B超显示右肾实质有0.85cm×0.59cm的强回声灶外，余无异常，亦无其他肾实质病灶。遂确定入院第3日行腹腔镜下阑尾切除术。手术前完善麻醉知情同意书，告知手术可能发生的麻醉意外，术中出血，腹部残余感染及术后感染，肠粘连、肠梗阻等可能并发症，患儿母亲签署同意书，手术由高年资医师等3人完成，手术历时2小时，手术顺利，术中见阑尾充血，切除阑尾，缝合伤口，安返病房。

术后第一天有轻度低热，体温37.8℃，伤口无渗出，采用抗生素控制感染，术后第二天体温上升至38.9℃，考虑有残余炎症，继续抗炎治疗，术后第3天，体温下降，一般情况尚可，伤口无红肿、渗出，术后第 6 天即入院后第 9 天，一般情况平稳后出院，出院后带药一周，嘱一周后门诊复查，不适时随诊。

出院后，患者一般情况尚可，于本次来诊 10 天前又开始发热，最高体温 38.8℃，同时伴有右下腹疼痛，家长又来该院复诊，B 超检查显示有盆腔脓肿形成，在门诊静滴抗炎药一周多，发热症状仍不缓解，遂考虑盆腔脓肿而再次入院。

第二次入院时体检示右下腹部轻度压痛，但未及包块，全腹无反跳痛、肌紧张，血常规是白细胞 11.2×10^9/L，中性粒细胞 N 0.717；腹部 B 超检查：右侧盆腔子宫后方可见无回声暗区，约 5.8cm×3.4cm×2.7cm，B 超诊断有右侧盆腔脓肿征象。入院后，医师根据病史考虑为盆腔脓肿，采用静点抗生素控制炎症，同时采用频谱仪局部治疗，促进脓肿吸收。入院第 2 天，患者体温正常，一般情况好，入院第 4 天腹部 B 超提示盆腔包块有缩小趋势。入院第 9 天改静点抗生素为口服抗生素。患者一般情况继续好转，入院第 13 天再次复查 B 超盆腔脓肿消失，血常规正常而痊愈出院。

☆ 医患双方纠纷焦点

患者家属出院后，曾咨询其他医院“医师”，对本次医疗过程提出质疑及赔偿要求：

1. 患儿在第一次入院前 1 个月，曾又一次急性发作，故第一次住院后即手术时机不适宜。

2. 患儿手术后出现盆腔脓肿，是由于第一次手术不完善，手术切除阑尾时遗留残端瘘，导致盆腔炎。

3. 患儿第二次手术住院前，连续发热 10 天，医生诊为“盆腔脓肿”，只给静点抗生素，有延误诊断、治疗之嫌。

4. 发生盆腔脓肿后，有可能发生肠粘连、肠梗阻，尤其位于盆腔位置，有可能对今后生育和泌尿系统疾病带来影响。

5. 患者前后 2 次住院，一直持续用抗生素治疗，听说抗生素会有不良反应。

根据以上理由，患者家属提出赔偿要求为：第一次住院费用50%；第二次住院费用全部；其他包括精神损失费、误工费、今后治疗费以及患者休学一年需要的补习、营养费等共计40万元。

医院方面经讨论认为：该患儿所有医疗过程符合诊疗常规，且手术操作也符合技术规范，医院无违规现象；该手术前有关麻醉和手术中技术后可能发生的并发症已完全实施知情告知，并有家长签字；术后发生的盆腔脓肿是并发症，非医疗过错。

☆ 专家组分析讨论

1．本例患者病史已 1 年多，反复右下腹疼，且有多次急性发作，曾在外多次抗炎治疗获得缓解，故诊断为“慢性阑尾炎”成立。

2．随着科学技术的发展，微创手术已成为临床经常采用的方法，该医院为三级甲等儿科专科医院，对腹腔镜的应用已有成熟的经验和操作规范。本例手术适应证选择合适，有高年资的医师操作，术前经血常规、B 超检查，未发现有阑尾脓肿等异常所见，近 1 个月身体状况平稳，家长要求在假期行手术，故符合诊疗常规要求。

3．任何外科手术都是有创性的，虽然随着医疗技术和医疗仪器的不断发展，手术可能带来的合并症和风险性已有所减少，但仍不能完全避免，本患者阑尾炎已反复发作多次，持续1 年，说明阑尾周围可能也已受累，不排除已有局部脓肿或感染病灶，一旦手术后，全身抵抗力下降，这些残余感染灶可能复染，故手术后盆腔脓肿应是患儿病情本身发展的结果。

4．医院和术者均已在术前完善知情告知，家长也签署了知情同意书。

5．家长顾虑由于盆腔脓肿可能会影响附近器官和组织，这种顾虑可以理解，但目前盆腔脓肿已痊愈，无任何征象说明有染及其他器官和组织，这种预测缺乏科学依据。

6. 虽然抗生素的不良反应屡有报道，但与选择不当、超量、超期服用或个体差异有关，本例应用抗生素一直在医生、护士的监护下，而且证明取得良好结果。

综上所述，专家委员会认为，本例医疗纠纷非医疗事故，也无医疗过失。虽然第一次手术后发生盆腔脓肿导致第二次住院，但属于一般腹部手术的常规并发症，且经过医护人员积极治疗，取得了较好的结果。第二次住院也未进行再次手术等给患儿增加痛苦的医疗行为，故建议通过医患双方积极沟通，诚信相待，应取得患方的理解。医方也应在病历书写、多次履行告知义务、加强医患沟通方面改进。

☆ **协调结果**

最后，经过协调工作人员多次耐心讲解和沟通，使患者家长了解了有关情况，缓和了医患之间的矛盾。

（北京医学教育协会　医疗纠纷协调中心提供案例）

附　录

相关法律、法规

医疗事故处理条例

第一章 总 则

第一条 为了正确处理医疗事故，保护患者和医疗机构及其医务人员的合法权益，维护医疗秩序，保障医疗安全，促进医学科学的发展，制定本条例。

第二条 本条例所称医疗事故，是指医疗机构及其医务人员在医疗活动中，违反医疗卫生管理法律、行政法规、部门规章和诊疗护理规范、常规，过失造成患者人身损害的事故。

第三条 处理医疗事故，应当遵循公开、公平、公正、及时、便民的原则，坚持实事求是的科学态度，做到事实清楚、定性准确、责任明确、处理恰当。

第四条 根据对患者人身造成的损害程度，医疗事故分为四级：

一级医疗事故：造成患者死亡、重度残疾的；

二级医疗事故：造成患者中度残疾、器官组织损伤导致严重功能障碍的；

三级医疗事故：造成患者轻度残疾、器官组织损伤导致一般功能障碍的；

四级医疗事故：造成患者明显人身损害的其他后果的。

具体分级标准由国务院卫生行政部门制定。

第二章　医疗事故的预防与处置

第五条　医疗机构及其医务人员在医疗活动中，必须严格遵守医疗卫生管理法律、行政法规、部门规章和诊疗护理规范、常规，恪守医疗服务职业道德。

第六条　医疗机构应当对其医务人员进行医疗卫生管理法律、行政法规、部门规章和诊疗护理规范、常规的培训和医疗服务职业道德教育。

第七条　医疗机构应当设置医疗服务质量监控部门或者配备专（兼）职人员，具体负责监督本医疗机构的医务人员的医疗服务工作，检查医务人员执业情况，接受患者对医疗服务的投诉，向其提供咨询服务。

第八条　医疗机构应当按照国务院卫生行政部门规定的要求，书写并妥善保管病历资料。

因抢救急危患者，未能及时书写病历的，有关医务人员应当在抢救结束后6小时内据实补记，并加以注明。

第九条　严禁涂改、伪造、隐匿、销毁或者抢夺病历资料。

第十条　患者有权复印或者复制其门诊病历、住院志、体温单、医嘱单、化验单（检验报告）、医学影像检查资料、特殊检查同意书、手术同意书、手术及麻醉记录单、病理资料、护理记录以及国务院卫生行政部门规定的其他病历资料。

患者依照前款规定要求复印或者复制病历资料的，医疗机构应当提供复印或者复制服务并在复印或者复制的病历资料上加盖证明印记。复印或者复制病历资料时，应当有患者在场。

医疗机构应患者的要求，为其复印或者复制病历资料，可以按照规定收取工本费。具体收费标准由省、自治区、直辖市人民政府价格主管部门会同同级卫生行政部门规定。

第十一条 在医疗活动中，医疗机构及其医务人员应当将患者的病情、医疗措施、医疗风险等如实告知患者，及时解答其咨询；但是，应当避免对患者产生不利后果。

第十二条 医疗机构应当制定防范、处理医疗事故的预案，预防医疗事故的发生，减轻医疗事故的损害。

第十三条 医务人员在医疗活动中发生或者发现医疗事故、可能引起医疗事故的医疗过失行为或者发生医疗事故争议的，应当立即向所在科室负责人报告，科室负责人应当及时向本医疗机构负责医疗服务质量监控的部门或者专（兼）职人员报告；负责医疗服务质量监控的部门或者专（兼）职人员接到报告后，应当立即进行调查、核实，将有关情况如实向本医疗机构的负责人报告，并向患者通报、解释。

第十四条 发生医疗事故的，医疗机构应当按照规定向所在地卫生行政部门报告。

发生下列重大医疗过失行为的，医疗机构应当在12小时内向所在地卫生行政部门报告：

（一）导致患者死亡或者可能为二级以上的医疗事故；

（二）导致3人以上人身损害后果；

（三）国务院卫生行政部门和省、自治区、直辖市人民政府卫生行政部门规定的其他情形。

第十五条 发生或者发现医疗过失行为，医疗机构及其医务人员应当立即采取有效措施，避免或者减轻对患者身体健康的损害，防止损害扩大。

第十六条 发生医疗事故争议时，死亡病例讨论记录、疑难病例讨论记录、上级医师查房记录、会诊意见、病程记录应当在医患双方在场的情况下封存和启封。封存的病历资料可以是复印件，由医疗机构保管。

第十七条 疑似输液、输血、注射、药物等引起不良后果的，医患双方应当共同对现场实物进行封存和启封，封存的现场实物由医疗机构保管；需要检验的，应当由双方共同指定的、依法具有检验资格的检验机构进行检验；双方无法共同指定时，由卫生行政部门指定。

疑似输血引起不良后果，需要对血液进行封存保留的，医疗机构应当通知提供该血液的采供血机构派员到场。

第十八条 患者死亡，医患双方当事人不能确定死因或者对死因有异议的，应当在患者死亡后 48 小时内进行尸检；具备尸体冻存条件的，可以延长至 7 日。尸检应当经死者近亲属同意并签字。

尸检应当由按照国家有关规定取得相应资格的机构和病理解剖专业技术人员进行。承担尸检任务的机构和病理解剖专业技术人员有进行尸检的义务。

医疗事故争议双方当事人可以请法医病理学人员参加尸检，也可以委派代表观察尸检过程。拒绝或者拖延尸检，超过规定时间，影响对死因判定的，由拒绝或者拖延的一方承担责任。

第十九条 患者在医疗机构内死亡的，尸体应当立即移放太平间。死者尸体存放时间一般不得超过 2 周。逾期不处理的尸体，经医疗机构所在地卫生行政部门批准，并报经同级公安部门备案后，由医疗机构按照规定进行处理。

第三章 医疗事故的技术鉴定

第二十条 卫生行政部门接到医疗机构关于重大医疗过失行为的报告或者医疗事故争议当事人要求处理医疗事故争议的申请后，对需要进行医疗事故技术鉴定的，应当交由负责医疗事故技术鉴定工作的医学会组织鉴定；医患双方协商解决医疗事故争议，需要进行医疗事故技术鉴定的，由双方当事人共同委托负责医疗事故技术鉴定工作的医学会组织鉴定。

第二十一条 设区的市级地方医学会和省、自治区、直辖市直接管辖的县（市）地方医学会负责组织首次医疗事故技术鉴定工作。省、自治区、直辖市地方医学会负责组织再次鉴定工作。

必要时，中华医学会可以组织疑难、复杂并在全国有重大影响的医疗事故争议的技术鉴定工作。

第二十二条 当事人对首次医疗事故技术鉴定结论不服的，可以自收到首次鉴定结论之日起15日内向医疗机构所在地卫生行政部门提出再次鉴定的申请。

第二十三条 负责组织医疗事故技术鉴定工作的医学会应当建立专家库。

专家库由具备下列条件的医疗卫生专业技术人员组成：

（一）有良好的业务素质和执业品德；

（二）受聘于医疗卫生机构或者医学教学、科研机构并担任相应专业高级技术职务3年以上。

符合前款第（一）项规定条件并具备高级技术任职资格的法医可以受聘进入专家库。

负责组织医疗事故技术鉴定工作的医学会依照本条例规定聘请医疗卫生专业技术人员和法医进入专家库，可以不受行政区域的限制。

第二十四条 医疗事故技术鉴定，由负责组织医疗事故技术鉴定工作的医学会组织专家鉴定组进行。

参加医疗事故技术鉴定的相关专业的专家，由医患双方在医学会主持下从专家库中随机抽取。在特殊情况下，医学会根据医疗事故技术鉴定工作的需要，可以组织医患双方在其他医学会建立的专家库中随机抽取相关专业的专家参加鉴定或者函件咨询。

符合本条例第二十三条规定条件的医疗卫生专业技术人员和法医有义务受聘进入专家库，并承担医疗事故技术鉴定工作。

第二十五条 专家鉴定组进行医疗事故技术鉴定，实行合议制。专家鉴定组人数为单数，涉及的主要学科的专家一般不得少于鉴定组成员的二分之一；涉及死因、伤残等级鉴定的，并应当从专家库中随机抽取法医参加专家鉴定组。

第二十六条 专家鉴定组成员有下列情形之一的，应当回避，当事人也可以以口头或者书面的方式申请其回避：

（一）是医疗事故争议当事人或者当事人的近亲属的；

（二）与医疗事故争议有利害关系的；

（三）与医疗事故争议当事人有其他关系，可能影响公正鉴定的。

第二十七条 专家鉴定组依照医疗卫生管理法律、行政法规、部门规章和诊疗护理规范、常规，运用医学科学原理和专业知识，独立进行医疗事故技术鉴定，对医疗事故进行鉴别和判定，为处理医疗事故争议提供医学依据。

任何单位或者个人不得干扰医疗事故技术鉴定工作，不得威胁、利诱、辱骂、殴打专家鉴定组成员。

专家鉴定组成员不得接受双方当事人的财物或者其他利益。

第二十八条 负责组织医疗事故技术鉴定工作的医学会应

当自受理医疗事故技术鉴定之日起5日内通知医疗事故争议双方当事人提交进行医疗事故技术鉴定所需的材料。

当事人应当自收到医学会的通知之日起10日内提交有关医疗事故技术鉴定的材料、书面陈述及答辩。医疗机构提交的有关医疗事故技术鉴定的材料应当包括下列内容：

（一）住院患者的病程记录、死亡病例讨论记录、疑难病例讨论记录、会诊意见、上级医师查房记录等病历资料原件；

（二）住院患者的住院志、体温单、医嘱单、化验单（检验报告）、医学影像检查资料、特殊检查同意书、手术同意书、手术及麻醉记录单、病理资料、护理记录等病历资料原件；

（三）抢救急危患者，在规定时间内补记的病历资料原件；

（四）封存保留的输液、注射用物品和血液、药物等实物，或者依法具有检验资格的检验机构对这些物品、实物作出的检验报告；

（五）与医疗事故技术鉴定有关的其他材料。

在医疗机构建有病历档案的门诊、急诊患者，其病历资料由医疗机构提供；没有在医疗机构建立病历档案的，由患者提供。

医患双方应当依照本条例的规定提交相关材料。医疗机构无正当理由未依照本条例的规定如实提供相关材料，导致医疗事故技术鉴定不能进行的，应当承担责任。

第二十九条 负责组织医疗事故技术鉴定工作的医学会应当自接到当事人提交的有关医疗事故技术鉴定的材料、书面陈述及答辩之日起45日内组织鉴定并出具医疗事故技术鉴定书。

负责组织医疗事故技术鉴定工作的医学会可以向双方当事人调查取证。

第三十条 专家鉴定组应当认真审查双方当事人提交的材料，听取双方当事人的陈述及答辩并进行核实。

双方当事人应当按照本条例的规定如实提交进行医疗事故

技术鉴定所需要的材料，并积极配合调查。当事人任何一方不予配合，影响医疗事故技术鉴定的，由不予配合的一方承担责任。

第三十一条 专家鉴定组应当在事实清楚、证据确凿的基础上，综合分析患者的病情和个体差异，作出鉴定结论，并制作医疗事故技术鉴定书。鉴定结论以专家鉴定组成员的过半数通过。鉴定过程应当如实记载。

医疗事故技术鉴定书应当包括下列主要内容：

（一）双方当事人的基本情况及要求；

（二）当事人提交的材料和负责组织医疗事故技术鉴定工作的医学会的调查材料；

（三）对鉴定过程的说明；

（四）医疗行为是否违反医疗卫生管理法律、行政法规、部门规章和诊疗护理规范、常规；

（五）医疗过失行为与人身损害后果之间是否存在因果关系；

（六）医疗过失行为在医疗事故损害后果中的责任程度；

（七）医疗事故等级；

（八）对医疗事故患者的医疗护理医学建议。

第三十二条 医疗事故技术鉴定办法由国务院卫生行政部门制定。

第三十三条 有下列情形之一的，不属于医疗事故：

（一）在紧急情况下为抢救垂危患者生命而采取紧急医学措施造成不良后果的；

（二）在医疗活动中由于患者病情异常或者患者体质特殊而发生医疗意外的；

（三）在现有医学科学技术条件下，发生无法预料或者不能防范的不良后果的；

（四）无过错输血感染造成不良后果的；

（五）因患方原因延误诊疗导致不良后果的；

（六）因不可抗力造成不良后果的。

第三十四条 医疗事故技术鉴定，可以收取鉴定费用。经鉴定，属于医疗事故的，鉴定费用由医疗机构支付；不属于医疗事故的，鉴定费用由提出医疗事故处理申请的一方支付。鉴定费用标准由省、自治区、直辖市人民政府价格主管部门会同同级财政部门、卫生行政部门规定。

第四章 医疗事故的行政处理与监督

第三十五条 卫生行政部门应当依照本条例和有关法律、行政法规、部门规章的规定，对发生医疗事故的医疗机构和医务人员作出行政处理。

第三十六条 卫生行政部门接到医疗机构关于重大医疗过失行为的报告后，除责令医疗机构及时采取必要的医疗救治措施，防止损害后果扩大外，应当组织调查，判定是否属于医疗事故；对不能判定是否属于医疗事故的，应当依照本条例的有关规定交由负责医疗事故技术鉴定工作的医学会组织鉴定。

第三十七条 发生医疗事故争议，当事人申请卫生行政部门处理的，应当提出书面申请。申请书应当载明申请人的基本情况、有关事实、具体请求及理由等。

当事人自知道或者应当知道其身体健康受到损害之日起1年内,可以向卫生行政部门提出医疗事故争议处理申请。

第三十八条 发生医疗事故争议，当事人申请卫生行政部门处理的，由医疗机构所在地的县级人民政府卫生行政部门受理。医疗机构所在地是直辖市的，由医疗机构所在地的区、县人民政府卫生行政部门受理。

有下列情形之一的，县级人民政府卫生行政部门应当自接到医疗机构的报告或者当事人提出医疗事故争议处理申请之日起7日内移送上一级人民政府卫生行政部门处理：

（一）患者死亡；

（二）可能为二级以上的医疗事故；

（三）国务院卫生行政部门和省、自治区、直辖市人民政府卫生行政部门规定的其他情形。

第三十九条 卫生行政部门应当自收到医疗事故争议处理申请之日起10日内进行审查，作出是否受理的决定。对符合本条例规定，予以受理，需要进行医疗事故技术鉴定的，应当自作出受理决定之日起5日内将有关材料交由负责医疗事故技术鉴定工作的医学会组织鉴定并书面通知申请人；对不符合本条例规定，不予受理的，应当书面通知申请人并说明理由。

当事人对首次医疗事故技术鉴定结论有异议，申请再次鉴定的，卫生行政部门应当自收到申请之日起7日内交由省、自治区、直辖市地方医学会组织再次鉴定。

第四十条 当事人既向卫生行政部门提出医疗事故争议处理申请，又向人民法院提起诉讼的，卫生行政部门不予受理；卫生行政部门已经受理的，应当终止处理。

第四十一条 卫生行政部门收到负责组织医疗事故技术鉴定工作的医学会出具的医疗事故技术鉴定书后，应当对参加鉴定的人员资格和专业类别、鉴定程序进行审核；必要时，可以组织调查，听取医疗事故争议双方当事人的意见。

第四十二条 卫生行政部门经审核，对符合本条例规定作出的医疗事故技术鉴定结论，应当作为对发生医疗事故的医疗机构和医务人员作出行政处理以及进行医疗事故赔偿调解的依据；经审核，发现医疗事故技术鉴定不符合本条例规定的，应当要求重新鉴定。

第四十三条 医疗事故争议由双方当事人自行协商解决的，医疗机构应当自协商解决之日起7日内向所在地卫生行政部门作出书面报告，并附具协议书。

第四十四条 医疗事故争议经人民法院调解或者判决解决的，医疗机构应当自收到生效的人民法院的调解书或者判决书之日起7日内向所在地卫生行政部门作出书面报告，并附具调解书或者判决书。

第四十五条 县级以上地方人民政府卫生行政部门应当按照规定逐级将当地发生的医疗事故以及依法对发生医疗事故的医疗机构和医务人员作出行政处理的情况，上报国务院卫生行政部门。

第五章 医疗事故的赔偿

第四十六条 发生医疗事故的赔偿等民事责任争议，医患双方可以协商解决；不愿意协商或者协商不成的，当事人可以向卫生行政部门提出调解申请，也可以直接向人民法院提起民事诉讼。

第四十七条 双方当事人协商解决医疗事故的赔偿等民事责任争议的，应当制作协议书。协议书应当载明双方当事人的基本情况和医疗事故的原因、双方当事人共同认定的医疗事故等级以及协商确定的赔偿数额等，并由双方当事人在协议书上签名。

第四十八条 已确定为医疗事故的，卫生行政部门应医疗事故争议双方当事人请求，可以进行医疗事故赔偿调解。调解时，应当遵循当事人双方自愿原则，并应当依据本条例的规定计算赔偿数额。

经调解，双方当事人就赔偿数额达成协议的，制作调解书，双方当事人应当履行；调解不成或者经调解达成协议后一方反悔的，卫生行政部门不再调解。

第四十九条 医疗事故赔偿，应当考虑下列因素，确定具体赔偿数额：

（一）医疗事故等级；

（二）医疗过失行为在医疗事故损害后果中的责任程度；

（三）医疗事故损害后果与患者原有疾病状况之间的关系。

不属于医疗事故的，医疗机构不承担赔偿责任。

第五十条 医疗事故赔偿，按照下列项目和标准计算：

（一）医疗费：按照医疗事故对患者造成的人身损害进行治疗所发生的医疗费用计算，凭据支付，但不包括原发病医疗费用。结案后确实需要继续治疗的，按照基本医疗费用支付。

（二）误工费：患者有固定收入的，按照本人因误工减少的固定收入计算，对收入高于医疗事故发生地上一年度职工年平均工资3倍以上的，按照3倍计算；无固定收入的，按照医疗事故发生地上一年度职工年平均工资计算。

（三）住院伙食补助费：按照医疗事故发生地国家机关一般工作人员的出差伙食补助标准计算。

（四）陪护费：患者住院期间需要专人陪护的，按照医疗事故发生地上一年度职工年平均工资计算。

（五）残疾生活补助费：根据伤残等级，按照医疗事故发生地居民年平均生活费计算，自定残之月起最长赔偿30年；但是，60周岁以上的，不超过15年；70周岁以上的，不超过5年。

（六）残疾用具费：因残疾需要配置补偿功能器具的，凭医疗机构证明，按照普及型器具的费用计算。

（七）丧葬费：按照医疗事故发生地规定的丧葬费补助标准计算。

（八）被扶养人生活费：以死者生前或者残疾者丧失劳动能力前实际扶养且没有劳动能力的人为限，按照其户籍所在地或者居所地居民最低生活保障标准计算。对不满16周岁的，扶养到16周岁。对年满16周岁但无劳动能力的，扶养20年；但是，60周岁以上的，不超过15年；70周岁以上的，不超过

5年。

（九）交通费：按照患者实际必需的交通费用计算，凭据支付。

（十）住宿费：按照医疗事故发生地国家机关一般工作人员的出差住宿补助标准计算，凭据支付。

（十一）精神损害抚慰金：按照医疗事故发生地居民年平均生活费计算。造成患者死亡的，赔偿年限最长不超过6年；造成患者残疾的，赔偿年限最长不超过3年。

第五十一条 参加医疗事故处理的患者近亲属所需交通费、误工费、住宿费，参照本条例第五十条的有关规定计算，计算费用的人数不超过2人。

医疗事故造成患者死亡的，参加丧葬活动的患者的配偶和直系亲属所需交通费、误工费、住宿费，参照本条例第五十条的有关规定计算，计算费用的人数不超过2人。

第五十二条 医疗事故赔偿费用，实行一次性结算，由承担医疗事故责任的医疗机构支付。

第六章 罚 则

第五十三条 卫生行政部门的工作人员在处理医疗事故过程中违反本条例的规定，利用职务上的便利收受他人财物或者其他利益，滥用职权，玩忽职守，或者发现违法行为不予查处，造成严重后果的，依照刑法关于受贿罪、滥用职权罪、玩忽职守罪或者其他有关罪的规定，依法追究刑事责任；尚不够刑事处罚的，依法给予降级或者撤职的行政处分。

第五十四条 卫生行政部门违反本条例的规定，有下列情形之一的，由上级卫生行政部门给予警告并责令限期改正；情节严重的，对负有责任的主管人员和其他直接责任人员依法给予行政处分：

（一）接到医疗机构关于重大医疗过失行为的报告后，未及时组织调查的；

（二）接到医疗事故争议处理申请后，未在规定时间内审查或者移送上一级人民政府卫生行政部门处理的；

（三）未将应当进行医疗事故技术鉴定的重大医疗过失行为或者医疗事故争议移交医学会组织鉴定的；

（四）未按照规定逐级将当地发生的医疗事故以及依法对发生医疗事故的医疗机构和医务人员的行政处理情况上报的；

（五）未依照本条例规定审核医疗事故技术鉴定书的。

第五十五条 医疗机构发生医疗事故的，由卫生行政部门根据医疗事故等级和情节，给予警告；情节严重的，责令限期停业整顿直至由原发证部门吊销执业许可证，对负有责任的医务人员依照刑法关于医疗事故罪的规定，依法追究刑事责任；尚不够刑事处罚的，依法给予行政处分或者纪律处分。

对发生医疗事故的有关医务人员，除依照前款处罚外，卫生行政部门并可以责令暂停6个月以上1年以下执业活动；情节严重的，吊销其执业证书。

第五十六条 医疗机构违反本条例的规定，有下列情形之一的，由卫生行政部门责令改正；情节严重的，对负有责任的主管人员和其他直接责任人员依法给予行政处分或者纪律处分：

（一）未如实告知患者病情、医疗措施和医疗风险的；

（二）没有正当理由，拒绝为患者提供复印或者复制病历资料服务的；

（三）未按照国务院卫生行政部门规定的要求书写和妥善保管病历资料的；

（四）未在规定时间内补记抢救工作病历内容的；

（五）未按照本条例的规定封存、保管和启封病历资料和实物的；

（六）未设置医疗服务质量监控部门或者配备专（兼）职人员的；

（七）未制定有关医疗事故防范和处理预案的；

（八）未在规定时间内向卫生行政部门报告重大医疗过失行为的；

（九）未按照本条例的规定向卫生行政部门报告医疗事故的；

（十）未按照规定进行尸检和保存、处理尸体的。

第五十七条 参加医疗事故技术鉴定工作的人员违反本条例的规定，接受申请鉴定双方或者一方当事人的财物或者其他利益，出具虚假医疗事故技术鉴定书，造成严重后果的，依照刑法关于受贿罪的规定，依法追究刑事责任；尚不够刑事处罚的，由原发证部门吊销其执业证书或者资格证书。

第五十八条 医疗机构或者其他有关机构违反本条例的规定，有下列情形之一的，由卫生行政部门责令改正，给予警告；对负有责任的主管人员和其他直接责任人员依法给予行政处分或者纪律处分；情节严重的，由原发证部门吊销其执业证书或者资格证书：

（一）承担尸检任务的机构没有正当理由，拒绝进行尸检的；

（二）涂改、伪造、隐匿、销毁病历资料的。

第五十九条 以医疗事故为由，寻衅滋事、抢夺病历资料，扰乱医疗机构正常医疗秩序和医疗事故技术鉴定工作，依照刑法关于扰乱社会秩序罪的规定，依法追究刑事责任；尚不够刑事处罚的，依法给予治安管理处罚。

第七章　附　　则

第六十条 本条例所称医疗机构，是指依照《医疗机构管理条例》的规定取得《医疗机构执业许可证》的机构。

县级以上城市从事计划生育技术服务的机构依照《计划生育技术服务管理条例》的规定开展与计划生育有关的临床医疗服务，发生的计划生育技术服务事故，依照本条例的有关规定处理；但是，其中不属于医疗机构的县级以上城市从事计划生育技术服务的机构发生的计划生育技术服务事故，由计划生育行政部门行使依照本条例有关规定由卫生行政部门承担的受理、交由负责医疗事故技术鉴定工作的医学会组织鉴定和赔偿调解的职能；对发生计划生育技术服务事故的该机构及其有关责任人员，依法进行处理。

第六十一条 非法行医，造成患者人身损害，不属于医疗事故，触犯刑律的，依法追究刑事责任；有关赔偿，由受害人直接向人民法院提起诉讼。

第六十二条 军队医疗机构的医疗事故处理办法，由中国人民解放军卫生主管部门会同国务院卫生行政部门依据本条例制定。

第六十三条 本条例自 2002 年 9 月 1 日起施行。1987 年 6 月 29 日国务院发布的《医疗事故处理办法》同时废止。本条例施行前已经处理结案的医疗事故争议,不再重新处理。

医疗机构管理条例

第一章 总 则

第一条 为了加强对医疗机构的管理，促进医疗卫生事业的发展，保障公民健康，制定本条例。

第二条 本条例适用于从事疾病诊断、治疗活动的医院、卫生院、疗养院、门诊部、诊所、卫生所（室）以及急救站等医疗机构。

第三条 医疗机构以救死扶伤，防病治病，为公民的健康服务为宗旨。

第四条 国家扶持医疗机构的发展，鼓励多种形式兴办医疗机构。

第五条 国务院卫生行政部门负责全国医疗机构的监督管

理工作。

县级以上地方人民政府卫生行政部门负责本行政区域内医疗机构的监督管理工作。

中国人民解放军卫生主管部门依照本条例和国家有关规定，对军队的医疗机构实施监督管理。

第二章　规划布局和设置审批

第六条　县级以上地方人民政府卫生行政部门应当根据本行政区域内的人口、医疗资源、医疗需求和现有医疗机构的分布状况，制定本行政区域医疗机构设置规划。

机关、企业和事业单位可以根据需要设置医疗机构，并纳入当地医疗机构的设置规划。

第七条　县级以上地方人民政府应当把医疗机构设置规划纳入当地的区域卫生发展规划和城乡建设发展总体规划。

第八条　设置医疗机构应当符合医疗机构设置规划和医疗机构基本标准。

医疗机构基本标准由国务院卫生行政部门制定。

第九条　单位或者个人设置医疗机构，必须经县级以上地方人民政府卫生行政部门审查批准，并取得设置医疗机构批准书，方可向有关部门办理其他手续。

第十条　申请设置医疗机构，应当提交下列文件：

（一）设置申请书；

（二）设置可行性研究报告；

（三）选址报告和建筑设计平面图。

第十一条　单位或者个人设置医疗机构，应当按照以下规定提出设置申请：

（一）不设床位或者床位不满 100 张的医疗机构，向所在地的县级人民政府卫生行政部门申请；

（二）床位在100张以上的医疗机构和专科医院按照省级人民政府卫生行政部门的规定申请。

第十二条 县级以上地方人民政府卫生行政部门应当自受理设置申请之日起30日内，作出批准或者不批准的书面答复；批准设置的，发给设置医疗机构批准书。

第十三条 国家统一规划的医疗机构的设置，由国务院卫生行政部门决定。

第十四条 机关、企业和事业单位按照国家医疗机构基本标准设置为内部职工服务的门诊部、诊所、卫生所（室），报所在地的县级人民政府卫生行政部门备案。

第三章 登 记

第十五条 医疗机构执业，必须进行登记，领取《医疗机构执业许可证》。

第十六条 申请医疗机构执业登记，应当具备下列条件：

（一）有设置医疗机构批准书；

（二）符合医疗机构的基本标准；

（三）有适合的名称、组织机构和场所；

（四）有与其开展的业务相适应的经费、设施、设备和专业卫生技术人员；

（五）有相应的规章制度；

（六）能够独立承担民事责任。

第十七条 医疗机构的执业登记，由批准其设置的人民政府卫生行政部门办理。

按照本条例第十三条规定设置的医疗机构的执业登记，由所在地的省、自治区、直辖市人民政府卫生行政部门办理。

机关、企业和事业单位设置的为内部职工服务的门诊部、诊所、卫生所（室）的执业登记，由所在地的县级人民政府卫生行政部门办理。

第十八条 医疗机构执业登记的主要事项：

（一）名称、地址、主要负责人；

（二）所有制形式；

（三）诊疗科目、床位；

（四）注册资金。

第十九条 县级以上地方人民政府卫生行政部门自受理执业登记申请之日起45日内，根据本条例和医疗机构基本标准进行审核。审核合格的，予以登记，发给《医疗机构执业许可证》；审核不合格的，将审核结果以书面形式通知申请人。

第二十条 医疗机构改变名称、场所、主要负责人、诊疗科目、床位，必须向原登记机关办理变更登记。

第二十一条 医疗机构歇业，必须向原登记机关办理注销登记。经登记机关核准后，收缴《医疗机构执业许可证》。

医疗机构非因改建、扩建、迁建原因停业超过1年的，视为歇业。

第二十二条 床位不满100张的医疗机构，其《医疗机构执业许可证》每年校验1次；床位在100张以上的医疗机构，其《医疗机构执业许可证》每3年校验1次。校验由原登记机关办理。

第二十三条 《医疗机构执业许可证》不得伪造、涂改、出卖、转让、出借。

《医疗机构执业许可证》遗失的，应当及时申明，并向原登记机关申请补发。

第四章　执　　业

第二十四条 任何单位或者个人，未取得《医疗机构执业许可证》，不得开展诊疗活动。

第二十五条 医疗机构执业，必须遵守有关法律、法规和医疗技术规范。

第二十六条 医疗机构必须将《医疗机构执业许可证》、诊疗科目、诊疗时间和收费标准悬挂于明显处所。

第二十七条 医疗机构必须按照核准登记的诊疗科目开展诊疗活动。

第二十八条 医疗机构不得使用非卫生技术人员从事医疗卫生技术工作。

第二十九条 医疗机构应当加强对医务人员的医德教育。

第三十条 医疗机构工作人员上岗工作，必须佩带载有本人姓名、职务或者职称的标牌。

第三十一条 医疗机构对危重病人应当立即抢救。对限于设备或者技术条件不能诊治的病人，应当及时转诊。

第三十二条 未经医师（士）亲自诊查病人，医疗机构不得出具疾病诊断书、健康证明书或者死亡证明书等证明文件；未经医师（士）、助产人员亲自接产，医疗机构不得出具出生证明书或者死产报告书。

第三十三条 医疗机构施行手术、特殊检查或者特殊治疗时，必须征得患者同意，并应当取得其家属或者关系人同意并签字；无法取得患者意见时，应当取得家属或者关系人同意并签字；无法取得患者意见又无家属或者关系人在场，或者遇到其他特殊情况时，经治医师应当提出医疗处置方案，在取得医疗机构负责人或者被授权负责人员的批准后实施。

第三十四条 医疗机构发生医疗事故，按照国家有关规定处理。

第三十五条 医疗机构对传染病、精神病、职业病等患者的特殊诊治和处理，应当按照国家有关法律、法规的规定办理。

第三十六条 医疗机构必须按照有关药品管理的法律、法规，加强药品管理。

第三十七条 医疗机构必须按照人民政府或者物价部门的有关规定收取医疗费用，详列细项，并出具收据。

第三十八条 医疗机构必须承担相应的预防保健工作，承担县级以上人民政府卫生行政部门委托的支援农村、指导基层医疗卫生工作等任务。

第三十九条 发生重大灾害、事故、疾病流行或者其他意外情况时，医疗机构及其卫生技术人员必须服从县级以上人民政府卫生行政部门的调遣。

第五章 监督管理

第四十条 县级以上人民政府卫生行政部门行使下列监督管理职权：

（一）负责医疗机构的设置审批、执业登记和校验；

（二）对医疗机构的执业活动进行检查指导；

（三）负责组织对医疗机构的评审；

（四）对违反本条例的行为给予处罚。

第四十一条 国家实行医疗机构评审制度，由专家组成的评审委员会按照医疗机构评审办法和评审标准，对医疗机构的执业活动、医疗服务质量等进行综合评价。

医疗机构评审办法和评审标准由国务院卫生行政部门制定。

第四十二条 县级以上地方人民政府卫生行政部门负责组织本行政区域医疗机构评审委员会。

医疗机构评审委员会由医院管理、医学教育、医疗、医技、护理和财务等有关专家组成。评审委员会成员由县级以上地方人民政府卫生行政部门聘任。

第四十三条 县级以上地方人民政府卫生行政部门根据评

审委员会的评审意见，对达到评审标准的医疗机构，发给评审合格证书；对未达到评审标准的医疗机构，提出处理意见。

第六章 罚 则

第四十四条 违反本条例第二十四条规定，未取得《医疗机构执业许可证》擅自执业的，由县级以上人民政府卫生行政部门责令其停止执业活动，没收非法所得和药品、器械，并可以根据情节处以1万元以下的罚款。

第四十五条 违反本条例第二十二条规定，逾期不校验《医疗机构执业许可证》仍从事诊疗活动的，由县级以上人民政府卫生行政部门责令其限期补办校验手续；拒不校验的，吊销其《医疗机构执业许可证》。

第四十六条 违反本条例第二十三条规定，出卖、转让、出借《医疗机构执业许可证》的，由县级以上人民政府卫生行政部门没收非法所得，并可以处以5000元以下的罚款；情节严重的，吊销其《医疗机构执业许可证》。

第四十七条 违反本条例第二十七条规定，诊疗活动超出登记范围的，由县级以上人民政府卫生行政部门予以警告、责令其改正，并可以根据情节处以3000元以下的罚款；情节严重的，吊销其《医疗机构执业许可证》。

第四十八条 违反本条例第二十八条规定，使用非卫生技术人员从事医疗卫生技术工作的，由县级以上人民政府卫生行政部门责令其限期改正，并可以处以5000元以下的罚款；情节严重的，吊销其《医疗机构执业许可证》。

第四十九条 违反本条例第三十二条规定，出具虚假证明文件的，由县级以上人民政府卫生行政部门予以警告；对造成危害后果的，可以处以1000元以下的罚款；对直接责任人员由所在单位或者上级机关给予行政处分。

第五十条 没收的财物和罚款全部上交国库。

第五十一条 当事人对行政处罚决定不服的，可以依照国家法律、法规的规定申请行政复议或者提起行政诉讼。当事人对罚款及没收药品、器械的处罚决定未在法定期限内申请复议或者提起诉讼又不履行的，县级以上人民政府卫生行政部门可以申请人民法院强制执行。

第七章 附 则

第五十二条 本条例实施前已经执业的医疗机构，应当在条例实施后的6个月内，按照本条例第三章的规定，补办登记手续，领取《医疗机构执业许可证》。

第五十三条 外国人在中华人民共和国境内开设医疗机构及香港、澳门、台湾居民在内地开设医疗机构的管理办法，由国务院卫生行政部门另行制定。

第五十四条 本条例由国务院卫生行政部门负责解释。

第五十五条 本条例自1994年9月1日起施行。1951年政务院批准发布的《医院诊所管理暂行条例》同时废止。

中华人民共和国执业医师法

（1998年6月26日第九届全国人民代表大会常务委员会第三次会议通过）

第一章 总 则

第一条 为了加强医师队伍的建设，提高医师的职业道德和业务素质，保障医师的合法权益，保护人民健康，制定本法。

第二条 依法取得执业医师资格或者执业助理医师资格，经注册在医疗、预防、保健机构中执业的专业医务人员，适用本法。

本法所称医师，包括执业医师和执业助理医师。

第三条 医师应当具备良好的职业道德和医疗执业水平，发扬人道主义精神，履行防病治病、救死扶伤、保护人民健康的神圣职责。

全社会应当尊重医师。医师依法履行职责，受法律保护。

第四条 国务院卫生行政部门主管全国的医师工作。

县级以上地方人民政府卫生行政部门负责管理本行政区域内的医师工作。

第五条 国家对在医疗、预防、保健工作中作出贡献的医师，给予奖励。

第六条 医师的医学专业技术职称和医学专业技术职务的评定、聘任，按照国家有关规定办理。

第七条 医师可以依法组织和参加医师协会。

第二章 考试和注册

第八条 国家实行医师资格考试制度。医师资格考试分为执业医师资格考试和执业助理医师资格考试。

医师资格统一考试的办法，由国务院卫生行政部门制定。医师资格考试由省级以上人民政府卫生行政部门组织实施。

第九条 具有下列条件之一的，可以参加执业医师资格考试：

（一）具有高等学校医学专业本科以上学历，在执业医师指导下，在医疗、预防、保健机构中试用期满一年的；

（二）取得执业助理医师执业证书后，具有高等学校医学专科学历，在医疗、预防、保健机构中工作满二年的；具有中等专业学校医学专业学历，在医疗、预防、保健机构中工作满五年的。

第十条 具有高等学校医学专科学历或者中等专业学校医学专业学历，在执业医师指导下，在医疗、预防、保健机构中试用期满一年的，可以参加执业助理医师资格考试。

第十一条 以师承方式学习传统医学满三年或者经多年实

践医术确有专长的，经县级以上人民政府卫生行政部门确定的传统医学专业组织或者医疗、预防、保健机构考核合格并推荐，可以参加执业医师资格或者执业助理医师资格考试。考试的内容和办法由国务院卫生行政部门另行制定。

第十二条　医师资格考试成绩合格，取得执业医师资格或者执业助理医师资格。

第十三条　国家实行医师执业注册制度。

取得医师资格的，可以向所在地县级以上人民政府卫生行政部门申请注册。

除有本法第十五条规定的情形外，受理申请的卫生行政部门应当自收到申请之日起三十日内准予注册，并发给由国务院卫生行政部门统一印制的医师执业证书。

医疗、预防、保健机构可以为本机构中的医师集体办理注册手续。

第十四条　医师经注册后，可以在医疗、预防、保健机构中按照注册的执业地点、执业类别、执业范围执业，从事相应的医疗、预防、保健业务。

未经医师注册取得执业证书，不得从事医师执业活动。

第十五条　有下列情形之一的，不予注册：

（一）不具有完全民事行为能力的；

（二）因受刑事处罚，自刑罚执行完毕之日起至申请注册之日止不满二年的；

（三）受吊销医师执业证书行政处罚，自处罚决定之日起至申请注册之日止不满二年的；

（四）有国务院卫生行政部门规定不宜从事医疗、预防、保健业务的其他情形的。

受理申请的卫生行政部门对不符合条件不予注册的，应当自收到申请之日起三十日内书面通知申请人，并说明理由。申请人有异议的，可以自收到通知之日起十五日内，依法申请复议或者向人民法院提起诉讼。

第十六条 医师注册后有下列情形之一的，其所在的医疗、预防、保健机构应当在三十日内报告准予注册的卫生行政部门，卫生行政部门应当注销注册，收回医师执业证书：

（一）死亡或者被宣告失踪的；

（二）受刑事处罚的；

（三）受吊销医师执业证书行政处罚的；

（四）依照本法第三十一条规定暂停执业活动期满，再次考核仍不合格的；

（五）中止医师执业活动满二年的；

（六）有国务院卫生行政部门规定不宜从事医疗、预防、保健业务的其他情形的。

被注销注册的当事人有异议的，可以自收到注销注册通知之日起十五日内，依法申请复议或者向人民法院提起诉讼。

第十七条 医师变更执业地点、执业类别、执业范围等注册事项的，应当到准予注册的卫生行政部门依照本法第十三条的规定办理变更注册手续。

第十八条 中止医师执业活动二年以上以及有本法第十五条规定情形消失的，申请重新执业，应当由本法第三十一条规定的机构考核合格，并依照本法第十三条的规定重新注册。

第十九条 申请个体行医的执业医师，须经注册后在医疗、预防、保健机构中执业满五年，并按照国家有关规定办理审批手续；未经批准，不得行医。

县级以上地方人民政府卫生行政部门对个体行医的医师，应当按照国务院卫生行政部门的规定，经常监督检查，凡发现有本法第十六条规定的情形的，应当及时注销注册，收回医师执业证书。

第二十条 县级以上地方人民政府卫生行政部门应当将准予注册和注销注册的人员名单予以公告，并由省级人民政府卫生行政部门汇总，报国务院卫生行政部门备案。

第三章 执业规则

第二十一条 医师在执业活动中享有下列权利：

（一）在注册的执业范围内，进行医学诊查、疾病调查、医学处置、出具相应的医学证明文件，选择合理的医疗、预防、保健方案；

（二）按照国务院卫生行政部门规定的标准，获得与本人执业活动相当的医疗设备基本条件；

（三）从事医学研究、学术交流，参加专业学术团体；

（四）参加专业培训，接受继续医学教育；

（五）在执业活动中，人格尊严、人身安全不受侵犯；

（六）获取工资报酬和津贴，享受国家规定的福利待遇；

（七）对所在机构的医疗、预防、保健工作和卫生行政部门的工作提出意见和建议，依法参与所在机构的民主管理。

第二十二条 医师在执业活动中履行下列义务：

（一）遵守法律、法规，遵守技术操作规范；

（二）树立敬业精神，遵守职业道德，履行医师职责，尽职尽责为患者服务；

（三）关心、爱护、尊重患者，保护患者的隐私；

（四）努力钻研业务，更新知识，提高专业技术水平；

（五）宣传卫生保健知识，对患者进行健康教育。

第二十三条 医师实施医疗、预防、保健措施，签署有关医学证明文件，必须亲自诊查、调查，并按照规定及时填写医学文书，不得隐匿、伪造或者销毁医学文书及有关资料。

医师不得出具与自己执业范围无关或者与执业类别不相符的医学证明文件。

第二十四条 对急危患者，医师应当采取紧急措施进行诊治；不得拒绝急救处置。

第二十五条 医师应当使用经国家有关部门批准使用的药品、消毒药剂和医疗器械。

除正当诊断治疗外，不得使用麻醉药品、医疗用毒性药品、精神药品和放射性药品。

第二十六条 医师应当如实向患者或者其家属介绍病情，但应注意避免对患者产生不利后果。

医师进行实验性临床医疗，应当经医院批准并征得患者本人或者其家属同意。

第二十七条 医师不得利用职务之便，索取、非法收受患者财物或者牟取其他不正当利益。

第二十八条 遇有自然灾害、传染病流行、突发重大伤亡事故及其他严重威胁人民生命健康的紧急情况时，医师应当服从县级以上人民政府卫生行政部门的调遣。

第二十九条 医师发生医疗事故或者发现传染病疫情时，应当按照有关规定及时向所在机构或者卫生行政部门报告。

医师发现患者涉嫌伤害事件或者非正常死亡时，应当按照有关规定向有关部门报告。

第三十条 执业助理医师应当在执业医师的指导下，在医疗、预防、保健机构中按照其执业类别执业。

在乡、民族乡、镇的医疗、预防、保健机构中工作的执业助理医师，可以根据医疗诊治的情况和需要，独立从事一般的执业活动。

第四章 考核和培训

第三十一条 受县级以上人民政府卫生行政部门委托的机构或者组织应当按照医师执业标准，对医师的业务水平、工作成绩和职业道德状况进行定期考核。

对医师的考核结果，考核机构应当报告准予注册的卫生行政部门备案。

对考核不合格的医师，县级以上人民政府卫生行政部门可以责令其暂停执业活动三个月至六个月，并接受培训和继续医学教育。暂停执业活动期满，再次进行考核，对考核合格的，允许其继续执业；对考核不合格的，由县级以上人民政府卫生行政部门注销注册，收回医师执业证书。

第三十二条 县级以上人民政府卫生行政部门负责指导、检查和监督医师考核工作。

第三十三条 医师有下列情形之一的，县级以上人民政府卫生行政部门应当给予表彰或者奖励：

（一）在执业活动中，医德高尚，事迹突出的；

（二）对医学专业技术有重大突破，作出显著贡献的；

（三）遇有自然灾害、传染病流行、突发重大伤亡事故及其他严重威胁人民生命健康的紧急情况时，救死扶伤、抢救诊疗表现突出的；

（四）长期在边远贫困地区、少数民族地区条件艰苦的基层单位努力工作的；

（五）国务院卫生行政部门规定应当予以表彰或者奖励的其他情形的。

第三十四条 县级以上人民政府卫生行政部门应当制定医师培训计划，对医师进行多种形式的培训，为医师接受继续医学教育提供条件。

县级以上人民政府卫生行政部门应当采取有力措施，对在农村和少数民族地区从事医疗、预防、保健业务的医务人员实施培训。

第三十五条 医疗、预防、保健机构应当按照规定和计划保证本机构医师的培训和继续医学教育。

县级以上人民政府卫生行政部门委托的承担医师考核任务

的医疗卫生机构，应当为医师的培训和接受继续医学教育提供和创造条件。

第五章 法律责任

第三十六条 以不正当手段取得医师执业证书的，由发给证书的卫生行政部门予以吊销；对负有直接责任的主管人员和其他直接责任人员，依法给予行政处分。

第三十七条 医师在执业活动中，违反本法规定，有下列行为之一的，由县级以上人民政府卫生行政部门给予警告或者责令暂停六个月以上一年以下执业活动；情节严重的，吊销其执业证书；构成犯罪的，依法追究刑事责任：

（一）违反卫生行政规章制度或者技术操作规范，造成严重后果的；

（二）由于不负责任延误急危患者的抢救和诊治，造成严重后果的；

（三）造成医疗责任事故的；

（四）未经亲自诊查、调查，签署诊断、治疗、流行病学等证明文件或者有关出生、死亡等证明文件的；

（五）隐匿、伪造或者擅自销毁医学文书及有关资料的；

（六）使用未经批准使用的药品、消毒药剂和医疗器械的；

（七）不按照规定使用麻醉药品、医疗用毒性药品、精神药品和放射性药品的；

（八）未经患者或者其家属同意，对患者进行实验性临床医疗的；

（九）泄露患者隐私，造成严重后果的；

（十）利用职务之便，索取、非法收受患者财物或者牟取其他不正当利益的；

（十一）发生自然灾害、传染病流行、突发重大伤亡事故以及其他严重威胁人民生命健康的紧急情况时，不服从卫生行政部门调遣的；

（十二）发生医疗事故或者发现传染病疫情，患者涉嫌伤害事件或者非正常死亡，不按照规定报告的。

第三十八条 医师在医疗、预防、保健工作中造成事故的，依照法律或者国家有关规定处理。

第三十九条 未经批准擅自开办医疗机构行医或者非医师行医的，由县级以上人民政府卫生行政部门予以取缔，没收其违法所得及其药品、器械，并处十万元以下的罚款；对医师吊销其执业证书；给患者造成损害的，依法承担赔偿责任；构成犯罪的，依法追究刑事责任。

第四十条 阻碍医师依法执业，侮辱、诽谤、威胁、殴打医师或者侵犯医师人身自由、干扰医师正常工作、生活的，依照治安管理处罚条例的规定处罚；构成犯罪的，依法追究刑事责任。

第四十一条 医疗、预防、保健机构未依照本法第十六条的规定履行报告职责，导致严重后果的，由县级以上人民政府卫生行政部门给予警告；并对该机构的行政负责人依法给予行政处分。

第四十二条 卫生行政部门工作人员或者医疗、预防、保健机构工作人员违反本法有关规定，弄虚作假、玩忽职守、滥用职权、徇私舞弊，尚不构成犯罪的，依法给予行政处分；构成犯罪的，依法追究刑事责任。

第六章 附 则

第四十三条 本法颁布之日前按照国家有关规定取得医学专业技术职称和医学专业技术职务的人员，由所在机构报请县级以上人民政府卫生行政部门认定，取得相应的医师资格。其中在医疗、预防、保健机构中从事医疗、预防、保健业务的医务人员，依照本法规定的条件，由所在机构集体核报县级以上人民政府卫生行政部门，予以注册并发给医师执业证书。具体办法由国务院卫生行政部门会同国务院人事行政部门制定。

第四十四条 计划生育技术服务机构中的医师，适用本法。

第四十五条 在乡村医疗卫生机构中向村民提供预防、保健和一般医疗服务的乡村医生，符合本法有关规定的，可以依法取得执业医师资格或者执业助理医师资格；不具备本法规定的执业医师资格或者执业助理医师资格的乡村医生，由国务院另行制定管理办法。

第四十六条 军队医师执行本法的实施办法，由国务院、中央军事委员会依据本法的原则制定。

第四十七条 境外人员在中国境内申请医师考试、注册、执业或者从事临床示教、临床研究等活动的，按照国家有关规定办理。

第四十八条 本法自 1999 年 5 月 1 日起施行。

病历书写基本规范（试行）

第一章 基本要求

第一条 病历是指医务人员在医疗活动过程中形成的文字、符号、图表、影像、切片等资料的总和，包括门（急）诊病历和住院病历。

第二条 病历书写是指医务人员通过问诊、查体、辅助检查、诊断、治疗、护理等医疗活动获得有关资料，并进行归纳、分析、整理形成医疗活动记录的行为。

第三条 病历书写应当客观、真实、准确、及时、完整。

第四条 住院病历书写应当使用蓝黑墨水、碳素墨水，门（急）诊病历和需复写的资料可以使用蓝或黑色油水的圆珠笔。

第五条 病历书写应当使用中文和医学术语。通用的外文缩写和无正式中文译名的症状、体征、疾病名称等可以使用外文。

第六条 病历书写应当文字工整，字迹清晰，表述准确，语句通顺，标点正确。书写过程中出现错字时，应当用双线划在错字上，不得采用刮、粘、涂等方法掩盖或去除原来的字迹。

第七条 病历当按照规定的内容书写，并由相应医务人员签名。

实习医务人员、试用期医务人员书写的病历，应当经过在本医疗机构合法执业的医务人员审阅、修改并签名。

进修医务人员应当由接收进修的医疗机构根据其胜任本专业工作的实际情况认定后书写病历。

第八条 上级医务人员有审查修改下级医务人员书写的病历的责任。修改时，应当注明修改日期，修改人员签名，并保持原记录清楚、可辨。

第九条 因抢救急危患者，未能及时书写病历的，有关医务人员应当在抢救结束后6个时内据实补记，并加以注明。

第十条 对按照有关规定需取得患者书面同意方可进行的医疗活动（如特殊检查、特殊治疗、手术、实验性临床医疗等），应当由患者本人签署同意书。患者不具备完全民事行为能力时，应当由其法定代理人签字；患者因病无法签字时，应当由其近亲属签字，没有近亲属的，由其关系人签字；为抢救患者，在法定代理人或近亲属、关系人无法及时签字的情况下，可由医疗机构负责人或者被授权的负责人签字。

因实施保护性医疗措施不宜向患者说明情况的，应当将有关情况通知患者近亲属，由患者近亲属签署同意书，并及时记录。患者无近亲属的或者患者近亲属无法签署同意书的，由患者的法定代理人或者关系人签署同意书。

第二章 门（急）诊病历书写要求及内容

第十一条 门（急）诊病历内容包括门诊病历首页（门诊手册封面）、病历记录、化验单（检验报告）、医学影像检查资料等。

第十二条 门（急）诊病历首页内容应当包括患者姓名、性别、出生年月、民族、婚姻状况、职业、工作单位、住址、药物过敏史等项目。

门诊手册封面内容应当包括患者姓名、性别、年龄、工作单位或住址、药物过敏史等项目。

第十三条 门（急）诊病历记录分为初诊病历记录和复诊病历记录。

初诊病历记录书写内容应当包括就诊时间、科别、主诉、现病史、既往史，阳性体征、必要的阴性体征和辅助检查结果，诊断及治疗意见和医师签名等。

复诊病历记录书写内容应当包括就诊时间、科别、主诉、病史、必要的体格检查和辅助检查结果、诊断、治疗处理意见和医师签名等。

急诊病历书写就诊时间应当具体到分钟。

第十四条 门（急）诊病历记录应当由接诊医师在患者就诊时及时完成。

第十五条 抢救危重患者时，应当书写抢救记录。对收入急诊观察室的患者，应当书写留观期间的观察记录。

第三章 住院病历书写要求及内容

第十六条 住院病历内容包括住院病案首页、住院志、体温单、医嘱单、化验单（检验报告）、医学影像检查资料、特殊检查（治疗）同意书、手术同意书、麻醉记录单、手术及手术护理记录单、病理资料、护理记录、出院记录（或死亡记录)、病程记录（含抢救记录)、疑难病例讨论记录、会诊意见、上级医师查房记录、死亡病例讨论记录等。

第十七条 住院志是指患者入院后，由经治医师通过问诊、查体、辅助检查获得有关资料，并对这些资料归纳分析书写而成的记录。住院志的书写形式分为入院记录、再次或多次入院记录、24 小时内入出院记录、24 小时内入院死亡记录。

入院记录、再次或多次入院记录应当于患者入院后 24 小时内完成；24 小时内入出院记录应当于患者出院后 24 小时内完成，24 小时内入院死亡记录应当于患者死亡后 24 小时内完成。

第十八条 入院记录的要求及内容。

（一）患者一般情况内容包括姓名、性别、年龄、民族、婚姻状况、出生地、职业、入院日期、记录日期、病史陈述者。

（二）主诉是指促使患者就诊的主要症状（或体征）及持续时间。

（三）现病史是指患者本次疾病的发生、演变、诊疗等方面的详细情况，应当按时间顺序书写。内容包括发病情况、主要症状特点及其发展变化情况、伴随症状、发病后诊疗经过及结果、睡眠、饮食等一般情况的变化，以及与鉴别诊断有关的阳性或阴性资料等。

与本次疾病虽无紧密关系、但仍需治疗的其他疾病情况，可在现病史后另起一段予以记录。

（四）既往史是指患者过去的健康和疾病情况。内容包括既往一般健康状况、疾病史、传染病史、预防接种史、手术外伤史、输血史、药物过敏史等。

（五）个人史，婚育史、女性患者的月经史，家族史。

（六）体格检查应当按照系统循序进行书写。内容包括体温、脉搏、呼吸、血压，一般情况，皮肤、粘膜，全身浅表淋巴结，头部及其器官，颈部，胸部（胸廓、肺部、心脏、血管），腹部（肝、脾等），直肠肛门，外生殖器，脊柱，四肢，神经系统等。

（七）专科情况应当根据专科需要记录专科特殊情况。

（八）辅助检查指入院前所作的与本次疾病相关的主要检查及其结果。应当写明检查日期，如系在其他医疗机构所作检查，应当写明该机构名称。

（九）初步诊断是指经治医师根据患者入院时情况，综合分析所作出的诊断。如初步诊断为多项时，应当主次分明。

（十）书写入院记录的医师签名。

第十九条 再次或多次入院记录是指患者因同一种疾病再次或多次住入同一医疗机构时书写的记录。要求及内容基本同入院记录，其特点有：主诉是记录患者本次入院的主要症状（或体征）及持续时间；现病史中要求首先对本次住院前历次有关住院诊疗经过进行小结，然后再书写本次入院的现病史。

第二十条 患者入院不足 24 小时出院的，可以书写 24 小时内入出院记录。内容包括患者姓名、性别、年龄、职业、入院时间、出院时间、主诉、入院情况、入院诊断、诊疗经过、出院情况、出院诊断、出院医嘱、医师签名等。

第二十一条 患者入院不足 24 小时死亡的，可以书写 24 小时内入院死亡记录。内容包括患者姓名、性别、年龄、职业、入院时间、死亡时间、主诉、入院情况、入院诊断、诊疗经过（抢救经过）、死亡原因、死亡诊断、医师签名等。

第二十二条 病程记录是指继住院志之后，对患者病情和诊疗过程所进行的连续性记录。内容包括患者的病情变化情况、重要的辅助检查结果及临床意义、上级医师查房意见、会诊意见、医师分析讨论意见、所采取的诊疗措施及效果、医嘱更改及理由、向患者及其近亲属告知的重要事项等。

第二十三条 病程记录的要求及内容。

（一）首次病程记录是指患者入院后由经治医师或值班医师书写的第一次病程记录，应当在患者入院8小时内完成。首次病程记录的内容包括病例特点、诊断依据及鉴别诊断、诊疗计划等。

（二）日常病程记录是指对患者住院期间诊疗过程的经常性、连续性记录。由医师书写，也可以由实习医务人员或试用期医务人员书写。书写日常病程记录时，首先标明记录日期，另起一行记录具体内容。对病危患者应当根据病情变化随时书写病程记录，每天至少1次，记录时间应当具体到分钟。对病重患者，至少2天记录一次病程记录。对病情稳定的患者，至少3天记录一次病程记录。对病情稳定的慢性病患者，至少5天记录一次病程记录。

（三）上级医师查房记录是指上级医师查房时对患者病情、诊断、鉴别诊断、当前治疗措施疗效的分析及下一步诊疗意见等的记录。

主治医师首次查房记录应当于患者入院48小时内完成。内容包括查房医师的姓名、专业技术职务、补充的病史和体征、诊断依据与鉴别诊断的分析及诊疗计划等。主治医师日常查房记录间隔时间视病情和诊疗情况确定，内容包括查房医师的姓名、专业技术职务、对病情的分析和诊疗意见等。科主任或具有副主任医师以上专业技术职务任职资格医师查房的记录，内容包括查房医师的姓名、专业技术职务、对病情的分析和诊疗意见等。

（四）疑难病例讨论记录是指由科主任或具有副主任医师以上专业技术职务任职资格的医师主持、召集有关医务人员对确诊困难或疗效不确切病例讨论的记录。内容包括讨论日期、主持人及参加人员姓名、专业技术职务、讨论意见等。

（五）交（接）班记录是指患者经治医师发生变更之际，交班医师和接班医师分别对患者病情及诊疗情况进行简要总结的记录。交班记录应当在交班前由交班医师书写完成；接班记录应当由接班医师于接班后 24 小时内完成。交（接）班记录的内容包括入院日期、交班或接班日期、患者姓名、性别、年龄、主诉、入院情况、入院诊断、诊疗经过、目前情况、目前诊断、交班注意事项或接班诊疗计划、医师签名等。

（六）转科记录是指患者住院期间需要转科时，经转入科室医师会诊并同意接收后，由转出科室和转入科室医师分别书写的记录。包括转出记录和转入记录。转出记录由转出科室医师在患者转出科室前书写完成（紧急情况除外）；转入记录由转入科室医师于患者转入后 24 小时内完成。转科记录内容包括入院日期、转出或转入日期、患者姓名、性别、年龄、主诉、入院情况、入院诊断、诊疗经过、目前情况、目前诊断、转科目的及注意事项或转入诊疗计划、医师签名等。

（七）阶段小结是指患者住院时间较长，由经治医师每月所作病情及诊疗情况总结。阶段小结的内容包括入院日期、小结日期、患者姓名、性别、年龄、主诉、入院情况、入院诊断、诊疗经过、目前情况、目前诊断、诊疗计划、医师签名等。

交（接）班记录、转科记录可代替阶段小结。

（八）抢救记录是指患者病情危重，采取抢救措施时作的记录。内容包括病情变化情况、抢救时间及措施、参加抢救的医务人员姓名及专业技术职务等。记录抢救时间应当具体到分钟。

（九）会诊记录（含会诊意见）是指患者在住院期间需要其他科室或者其他医疗机构协助诊疗时，分别由申请医师和会诊医师书写的记录。内容包括申请会诊记录和会诊意见记录。申请会诊记录应当简要载明患者病情及诊疗情况、申请会诊的理由和目的，申请会诊医师签名等。会诊意见记录应当有会诊意见、会诊医师所在的科别或者医疗机构名称、会诊时间及会诊医师签名等。

（十）术前小结是指在患者手术前，由经治医师对患者病情所作的总结。内容包括简要病情、术前诊断、手术指征、拟施手术名称和方式、拟施麻醉方式、注意事项等。

（十一）术前讨论记录是指因患者病情较重或手术难度较大，手术前在上级医师主持下，对拟实施手术方式和术中可能出现的问题及应对措施所作的讨论记录。内容包括术前准备情况、手术指征、手术方案、可能出现的意外及防范措施、参加讨论者的姓名、专业技术职务、讨论日期、记录者的签名等。

（十二）麻醉记录是指麻醉医师在麻醉实施中书写的麻醉经过及处理措施的记录。麻醉记录应当另页书写，内容包括患者一般情况、麻醉前用药、术前诊断、术中诊断、麻醉方式、麻醉期间用药及处理、手术起止时间、麻醉医师签名等。

（十三）手术记录是指手术者书写的反映手术一般情况、手术经过、术中发现及处理等情况的特殊记录，应当在术后24小时内完成。特殊情况下由第一助手书写时，应有手术者签名。手术记录当另页书写，内容包括一般项目（患者姓名、性别、科别、病房、床位号、住院病历号或病案号）、手术日期、术前诊断、术中诊断、手术名称、手术者及助手姓名、麻醉方法、手术经过、术中出现的情况及处理等。

（十四）手术护理记录是指巡回护士对手术患者术中护理情况及所用器械、敷料的记录，应当在手术结束后即时完成。手术护理记录应当另页书写，内容包括患者姓名、住院病历号(或病案号)、手术日期、手术名称、术中护理情况、所用各种器械和敷料数量的清点核对、巡回护士和手术器械护士签名等。

（十五）术后首次病程记录是指参加手术的医师在患者术

后即时完成的病程记录。内容包括手术时间、术中诊断、麻醉方式、手术方式、手术简要经过、术后处理措施、术后应当特别注意观察的事项等。

第二十四条 手术同意书是指手术前，经治医师向患者告知拟施手术的相关情况，并由患者签署同意手术的医学文书。内容包括术前诊断、手术名称、术中或术后可能出现的并发症、手术风险、患者签名、医师签名等。

第二十五条 特殊检查、特殊治疗同意书是指在实施特殊检查、特殊治疗前，经治医师向患者告知特殊检查、特殊治疗的相关情况，并由患者签署同意检查、治疗的医学文书。内容包括特殊检查、特殊治疗项目名称、目的、可能出现的并发症及风险、患者签名、医师签名等。

第二十六条 出院记录是指经治医师对患者此次住院期间诊疗情况的总结，应当在患者出院后 24 小时内完成。内容主要包括入院日期、出院日期、入院情况、入院诊断、诊疗经过、出院诊断、出院情况、出院医嘱、医师签名等。

第二十七条 死亡记录指经治医师对死亡患者住院期间诊疗和抢救经过的记录，应当在患者死亡后 24 小时内完成。内容包括入院日期、死亡时间、入院情况、入院诊断、诊疗经过(重点记录病情演变、抢救经过)、死亡原因、死亡诊断等。记录死亡时间应当具体到分钟。

第二十八条 死亡病例讨论记录是指在患者死亡一周内，由科主任或具有副主任医师以上专业技术职务任职资格的医师主持，对死亡病例进行讨论、分析的记录。内容包括讨论日期、主持人及参加人员姓名、专业技术职务、讨论意见等。

第二十九条 医嘱是指医师在医疗活动中下达的医学指令。

医嘱内容及起始、停止时间应当由医师书写。

医嘱内容应当准确、清楚，每项医嘱应当只包含一个内容，并注明下达时间，应当具体到分钟。

医嘱不得涂改。需要取消时，应当使用红色墨水标注“取消”字样并签名。

一般情况下，医师不得下达口头医嘱。因抢救急危患者需要下达口头医嘱时，护士应当复诵一遍。抢救结束后，医师应当即刻据实补记医嘱。

医嘱单分为长期医嘱单和临时医嘱单。

长期医嘱单内容包括患者姓名、科别、住院病历号（或病案号）、页码、起始日期和时间、长期医嘱内容、停止日期和时间、医师签名、执行时间、执行护士签名。临时医嘱单内容包括医嘱时间、临时医嘱内容、医师签名、执行时间、执行护士签名等。

第三十条 辅助检查报告单是指患者住院期间所做各项检验、检查结果的记录。内容包括患者姓名、性别、年龄、住院病历号（或病案号）、检查项目、检查结果、报告日期、报告人员签名或者印章等。

第三十一条 体温单为表格式，以护士填写为主。内容包括患者姓名、科室、床号、入院日期、住院病历号（或病案号）、日期、手术后天数、体温、脉搏、呼吸、血压、大便次数、出入液量、体重、住院周数等。

第三十二条 护理记录分为一般患者护理记录和危重患者护理记录。

一般患者护理记录是指护士根据医嘱和病情对一般患者住院期间护理过程的客观记录。内容包括患者姓名、科别、住院病历号（或病案号）、床位号、页码、记录日期和时间、病情观察情况、护理措施和效果、护士签名等。

危重患者护理记录是指护士根据医嘱和病情对危重患者住院期间护理过程的客观记录。危重患者护理记录应当根据相应专科的护理特点书写。内容包括患者姓名、科别、住院病历号

（或病案号）、床位号、页码、记录日期和时间、出入液量、体温、脉搏、呼吸、血压等病情观察、护理措施和效果、护士签名等。记录时间应当具体到分钟。

第四章　其　　他

第三十三条　住院病案首页应当按照《卫生部关于修订下发住院病案首页的通知》（卫医发［2001］286号）的规定书写。

第三十四条　特殊检查、特殊治疗的含义依照1994年8月29日卫生部令第35号《医疗机构管理条例实施细则》第88条。

第三十五条　中医病历书写基本规范另行制定。

第三十六条　本规范自2002年9月1日起施行。

中华人民共和国民法通则（节录）

第六章　民事责任

第三节　侵权的民事责任

第一百一十七条　侵占国家的、集体的财产或者他人财产的，应当返还财产，不能返还财产的，应当折价赔偿。

损坏国家的、集体的财产或者他人财产的，应当恢复原状或者折价赔偿。

受害人因此遭受其他重大损失的，侵害人并应当赔偿损失。

第一百一十八条　公民、法人的著作权（版权），专利权、商标专用权、发现权、发明权和其他科技成果权受到剽窃、篡改、假冒等侵害的，有权要求停止侵害，消除影响，赔偿损失。

第一百一十九条 侵害公民身体造成伤害的，应当赔偿医疗费、因误工减少的收入、残废者生活补助费等费用；造成死亡的，并应当支付丧葬费、死者生前扶养的人必要的生活费等费用。

第一百二十条 公民的姓名权、肖像权、名誉权、荣誉权受到侵害的，有权要求停止侵害，恢复名誉，消除影响，赔礼道歉，并可以要求赔偿损失。

法人的名称权、名誉权、荣誉权受到侵害的，适用前款规定。

第一百二十一条 国家机关或者国家机关工作人员在执行职务中，侵犯公民、法人的合法权益造成损害的，应当承担民事责任。

第一百二十二条 因产品质量不合格造成他人财产、人身损害的，产品制造者、销售者应当依法承担民事责任。运输者、仓储者对此负有责任的，产品制造者、销售者有权要求赔偿损失。

第一百二十三条 从事高空、高压、易燃、易爆、剧毒、放射性、高速运输工具等对周围环境有高度危险的作业造成他人损害的，应当承担民事责任；如果能够证明损害是由受害人故意造成的，不承担民事责任。

第一百二十四条 违反国家保护环境防止污染的规定，污染环境造成他人损害的，应当依法承担民事责任。

第一百二十五条 在公共场所、道旁或者通道上挖坑、修缮安装地下设施等，没有设置明显标志和采取安全措施造成他人损害的，施工人应当承担民事责任。

第一百二十六条 建筑物或者其他设施以及建筑物上的搁置物、悬挂物发生倒塌、脱落、坠落造成他人损害的，它的所有人或者管理人应当承担民事责任，但能够证明自己没有过错的除外。

第一百二十七条 饲养的动物造成他人损害的，动物饲养人或者管理人应当承担民事责任；由于受害人的过错造成损害的，动物饲养人或者管理人不承担民事责任；由于第三人的过错造成损害的，第三人应当承担民事责任。

第一百二十八条 因正当防卫造成损害的，不承担民事责任。正当防卫超过必要的限度，造成不应有的损害的，应当承担适当的民事责任。

第一百二十九条 因紧急避险造成损害的，由引起险情发生的人承担民事责任。如果危险是由自然原因引起的，紧急避险人不承担民事责任或者承担适当的民事责任。因紧急避险采取措施不当或者超过必要的限度，造成不应有的损害的，紧急避险人应当承担适当的民事责任。

第一百三十条 二人以上共同侵权造成他人损害的，应当承担连带责任。

第一百三十一条 受害人对于损害的发生也有过错的，可以减轻侵害人的民事责任。

第一百三十二条 当事人对造成损害都没有过错的，可以根据实际情况，由当事人分担民事责任。

第一百三十三条 无民事行为能力人、限制民事行为能力人造成他人损害的，由监护人承担民事责任。监护人尽了监护责任的，可以适当减轻他的民事责任。

有财产的无民事行为能力人、限制民事行为能力人造成他人损害的，从本人财产中支付赔偿费用。不足部分，由监护人适当赔偿，但单位担任监护人的除外。

第七章　诉 讼 时 效

第一百三十五条 向人民法院请求保护民事权利的诉讼时

效期间为二年，法律另有规定的除外。

第一百三十六条 下列的诉讼时效期间为一年：

（一）身体受到伤害要求赔偿的；

（二）出售质量不合格的商品未声明的；

（三）延付或者拒付租金的；

（四）寄存财物被丢失或者损毁的。

第一百三十七条 诉讼时效期间从知道或者应当知道权利被侵害时起计算。但是，从权利被侵害之日起超过二十年的，人民法院不予保护。有特殊情况的，人民法院可以延长诉讼时效期间。

第一百三十八条 超过诉讼时效期间，当事人自愿履行的，不受诉讼时效限制。

第一百三十九条 在诉讼时效期间的最后六个月内，因不可抗力或者其他障碍不能行使请求权的，诉讼时效中止。从中止时效的原因消除之日起，诉讼时效期间继续计算。

第一百四十条 诉讼时效因提起诉讼、当事人一方提出要求或者同意履行义务而中断。从中断时起，诉讼时效期间重新计算。

第一百四十一条 法律对诉讼时效另有规定的，依照法律规定。

最高人民法院关于参照《医疗事故处理条例》审理医疗纠纷民事案件的通知

（法［2003］20号）

各省、自治区、直辖市高级人民法院，解放军军事法院，新疆维吾尔自治区高级人民法院生产建设兵团分院：

2002年4月4日国务院公布了《医疗事故处理条例》（以下简称条例），自2002年9月1日起施行。条例对于妥善解决医疗纠纷，保护医患双方的合法权益，维护医疗秩序具有重要意义。现就人民法院参照条例审理医疗纠纷民事案件的有关问题通知如下：

一、条例施行后发生的医疗事故引起的医疗赔偿纠纷，诉到法院的，参照条例的有关规定办理；因医疗事故以外的原因引起的其他医疗赔偿纠纷，适用民法通则的规定。

人民法院在条例施行前已经按照民法通则、原《医疗事故处理办法》等法律、法规审理的民事案件，依法进行再审的，不适用条例的规定。

二、人民法院在民事审判中，根据当事人的申请或者依职权决定进行医疗事故司法鉴定的，交由条例所规定的医学会组织鉴定。因医疗事故以外的原因引起的其他医疗赔偿纠纷需要进行司法鉴定的，按照《人民法院对外委托司法鉴定管理规定》组织鉴定。

人民法院对司法鉴定申请和司法鉴定结论的审查按照《最高人民法院关于民事诉讼证据的若干规定》的有关规定处理。

三、条例实施后，人民法院审理因医疗事故引起的医疗赔偿纠纷民事案件，在确定医疗事故赔偿责任时，参照条例第四十九条、第五十条、第五十一条和第五十二条的规定办理。

人民法院在审理涉及医疗事故民事案件中遇到的其他重大问题，请及时层报我院。

中华人民共和国最高人民法院

二〇〇三年一月六日

最高人民法院关于审理人身损害赔偿案件适用法律若干问题的解释

为正确审理人身损害赔偿案件，依法保护当事人的合法权益，根据《中华人民共和国民法通则》（以下简称民法通则）、《中华人民共和国民事诉讼法》（以下简称民事诉讼法等）有关法律规定，结合审判实践，就有关适用法律的问题作如下解释：

第一条 因生命、健康、身体遭受侵害，赔偿权利人起诉请求赔偿义务人赔偿财产损失和精神损害的，人民法院应予受理。

本条所称"赔偿权利人"，是指因侵权行为或者其他致害原因直接遭受人身损害的受害人、依法由受害人承担扶养义务的被扶养人以及死亡受害人的近亲属。

本条所称"赔偿义务人"，是指因自己或者他人的侵权行为以及其他致害原因依法应当承担民事责任的自然人、法人或者其他组织。

第二条 受害人对同一损害的发生或者扩大有故意、过失的，依照民法通则第一百三十一条的规定，可以减轻或者免除赔偿义务人的赔偿责任。但侵权人因故意或者重大过失致人损害，受害人只有一般过失的，不减轻赔偿义务人的赔偿责任。

适用民法通则第一百零六条第三款规定确定赔偿义务人的赔偿责任时，受害人有重大过失的，可以减轻赔偿义务人的赔偿责任。

第三条 二人以上共同故意或者共同过失致人损害，或者虽无共同故意、共同过失，但其侵害行为直接结合发生同一损害后果的，构成共同侵权，应当依照民法通则第一百三十条规定承担连带责任。

二人以上没有共同故意或者共同过失，但其分别实施的数个行为间接结合发生同一损害后果的，应当根据过失大小或者原因力比例各自承担相应的赔偿责任。

第四条 二人以上共同实施危及他人人身安全的行为并造成损害后果，不能确定实际侵害行为人的，应当依照民法通则第一百三十条规定承担连带责任。共同危险行为人能够证明损害后果不是由其行为造成的，不承担赔偿责任。

第五条 赔偿权利人起诉部分共同侵权人的，人民法院应当追加其他共同侵权人作为共同被告。赔偿权利人在诉讼中放弃对部分共同侵权人的诉讼请求的，其他共同侵权人对被放弃诉讼请求的被告应当承担的赔偿份额不承担连带责任。责任范围难以确定的，推定各共同侵权人承担同等责任。

人民法院应当将放弃诉讼请求的法律后果告知赔偿权利人，并将放弃诉讼请求的情况在法律文书中叙明。

第六条 从事住宿、餐饮、娱乐等经营活动或者其他社会活动的自然人、法人、其他组织，未尽合理限度范围内的安全保障义务致使他人遭受人身损害，赔偿权利人请求其承担相应赔偿责任的，人民法院应予支持。

因第三人侵权导致损害结果发生的，由实施侵权行为的第三人承担赔偿责任。安全保障务人有过错的，应当在其能够防止或者制止损害的范围内承担相应的补充赔偿责任。安全保障义务人承担责任后，可以向第三人追偿。赔偿权利人起诉安全保障义务人的，应当将第三人作为共同被告，但第三人不能确定的除外。

第七条 对未成年人依法负有教育、管理、保护义务的学校、幼儿园或者其他教育机构，未尽职责范围内的相关义务致使未成年人遭受人身损害，或者未成年人致他人人身损害的，应当承担与其过错相应的赔偿责任。

第三人侵权致未成年人遭受人身损害的，应当承担赔偿责任。学校、幼儿园等教育机构有过错的，应当承担相应的补充赔偿责任。

第八条 法人或者其他组织的法定代表人、负责人以及工作人员，在执行职务中致人损害的，依照民法通则第一百二十一条的规定，由该法人或者其他组织承担民事责任。上述人员实施与职务无关的行为致人损害的，应当由行为人承担赔偿责任。

属于《国家赔偿法》赔偿事由的，依照《国家赔偿法》的规定处理。

第九条 雇员在从事雇佣活动中致人损害的，雇主应当承担赔偿责任；雇员因故意或者重大过失致人损害的，应当与雇主承担连带赔偿责任。雇主承担连带赔偿责任的，可以向雇员追偿。

前款所称“从事雇佣活动”，是指从事雇主授权或者指示范围内的生产经营活动或者其他劳务活动。雇员的行为超出授权范围，但其表现形式是履行职务或者与履行职务有内在联系的，应当认定为“从事雇佣活动”。

第十条 承揽人在完成工作过程中对第三人造成损害或者造成自身损害的，定作人不承担赔偿责任。但定作人对定作、指示或者选任有过失的，应当承担相应的赔偿责任。

第十一条 雇员在从事雇佣活动中遭受人身损害，雇主应当承担赔偿责任。雇佣关系以外的第三人造成雇员人身损害的，赔偿权利人可以请求第三人承担赔偿责任，也可以请求雇主承担赔偿责任。雇主承担赔偿责任后，可以向第三人追偿。

雇员在从事雇佣活动中因安全生产事故遭受人身损害，发包人、分包人知道或者应当知道接受发包或者分包业务的雇主没有相应资质或者安全生产条件的，应当与雇主承担连带赔偿责任。

属于《工伤保险条例》调整的劳动关系和工伤保险范围的，不适用本条规定。

第十二条 依法应当参加工伤保险统筹的用人单位的劳动者，因工伤事故遭受人身损害，劳动者或者其近亲属向人民法院起诉请求用人单位承担民事赔偿责任的，告知其按《工伤保险条例》的规定处理。

因用人单位以外的第三人侵权造成劳动者人身损害，赔偿权利人请求第三人承担民事赔偿责任的，人民法院应予支持。

第十三条 为他人无偿提供劳务的帮工人，在从事帮工活动中致人损害的，被帮工人应当承担赔偿责任。被帮工人明确拒绝帮工的，不承担赔偿责任。帮工人存在故意或者重大过失，赔偿权利人请求帮工人和被帮工人承担连带责任的，人民法院应予支持。

第十四条 帮工人因帮工活动遭受人身损害的，被帮工人应当承担赔偿责任。被帮工人明确拒绝帮工的，不承担赔偿责任；但可以在受益范围内予以适当补偿。

帮工人因第三人侵权遭受人身损害的，由第三人承担赔偿责任。第三人不能确定或者没有赔偿能力的，可以由被帮工人予以适当补偿。

第十五条 为维护国家、集体或者他人的合法权益而使自己受到人身损害，因没有侵权人、不能确定侵权人或者侵权人没有赔偿能力，赔偿权利人请求受益人在受益范围内予以适当补偿的，人民法院应予支持。

第十六条 下列情形，适用民法通则第一百二十六条的规定，由所有人或者管理人承担赔偿责任，但能够证明自己没有过错的除外：

（一）道路、桥梁、隧道等人工建造的构筑物因维护、管理瑕疵致人损害的；

（二）堆放物品滚落、滑落或者堆放物倒塌致人损害的；

（三）树木倾倒、折断或者果实坠落致人损害的。

前款第（一）项情形，因设计、施工缺陷造成损害的，由所有人、管理人与设计、施工者承担连带责任。

第十七条 受害人遭受人身损害，因就医治疗支出的各项费用以及因误工减少的收入，包括医疗费、误工费、护理费、交通费、住宿费、住院伙食补助费、必要的营养费，赔偿义务人应当予以赔偿。

受害人因伤致残的，其因增加生活上需要所支出的必要费用以及因丧失劳动能力导致的收入损失，包括残疾赔偿金、残疾辅助器具费、被扶养人生活费，以及因康复护理、继续治疗实际发生的必要的康复费、护理费、后续治疗费，赔偿义务人也应当予以赔偿。

受害人死亡的，赔偿义务人除应当根据抢救治疗情况赔偿本条第一款规定的相关费用外，还应当赔偿丧葬费、被扶养人生活费、死亡补偿费以及受害人亲属办理丧葬事宜支出的交通费、住宿费和误工损失等其他合理费用。

第十八条 受害人或者死者近亲属遭受精神损害，赔偿权利人向人民法院请求赔偿精神损害抚慰金的，适用《最高人民法院关于确定民事侵权精神损害赔偿责任若干问题的解释》予以确定。

精神损害抚慰金的请求权，不得让与或者继承。但赔偿义务人已经以书面方式承诺给予金钱赔偿，或者赔偿权利人已经向人民法院起诉的除外。

第十九条 医疗费根据医疗机构出具的医药费、住院费等收款凭证，结合病历和诊断证明等相关证据确定。赔偿义务人对治疗的必要性和合理性有异议的，应当承担相应的举证责任。

医疗费的赔偿数额，按照一审法庭辩论终结前实际发生的数额确定。器官功能恢复训练所必要的康复费、适当的整容费以及其他后续治疗费，赔偿权利人可以待实际发生后另行起诉。但根据医疗证明或者鉴定结论确定必然发生的费用，可以与已经发生的医疗费一并予以赔偿。

第二十条 误工费根据受害人的误工时间和收入状况确定。

误工时间根据受害人接受治疗的医疗机构出具的证明确定。受害人因伤致残持续误工的，误工时间可以计算至定残日前一天。

受害人有固定收入的，误工费按照实际减少的收入计算。受害人无固定收入的，按照其最近三年的平均收入计算；受害人不能举证证明其最近三年的平均收入状况的，可以参照受诉法院所在地相同或者相近行业上一年度职工的平均工资计算。

第二十一条 护理费根据护理人员的收入状况和护理人数、护理期限确定。

护理人员有收入的，参照误工费的规定计算；护理人员没有收入或者雇佣护工的，参照当地护工从事同等级别护理的劳务报酬标准计算。护理人员原则上为一人，但医疗机构或者鉴定机构有明确意见的，可以参照确定护理人员人数。

护理期限应计算至受害人恢复生活自理能力时止。受害人因残疾不能恢复生活自理能力的，可以根据其年龄、健康状况等因素确定合理的护理期限，但最长不超过二十年。

受害人定残后的护理，应当根据其护理依赖程度并结合配制残疾辅助器具的情况确定护理级别。

第二十二条 交通费根据受害人及其必要的陪护人员因就医或者转院治疗实际发生的费用计算。交通费应当以正式票据为凭；有关凭据应当与就医地点、时间、人数、次数相符合。

第二十三条 住院伙食补助费可以参照当地国家机关一般工作人员的出差伙食补助标准予以确定。

受害人确有必要到外地治疗，因客观原因不能住院，受害人本人及其陪护人员实际发生的住宿费和伙食费，其合理部分应予赔偿。

第二十四条 营养费根据受害人伤残情况参照医疗机构的意见确定。

第二十五条 残疾赔偿金根据受害人丧失劳动能力程度或者伤残等级，按照受诉法院所在地上一年度城镇居民人均可支配收入或者农村居民人均纯收入标准，自定残之日起按二十年计算。但六十周岁以上的，年龄每增加一岁减少一年；七十五周岁以上的，按五年计算。

受害人因伤致残但实际收入没有减少，或者伤残等级较轻但造成职业妨害严重影响其劳动就业的，可以对残疾赔偿金作相应调整。

第二十六条 残疾辅助器具费按照普通适用器具的合理费用标准计算。伤情有特殊需要的，可以参照辅助器具配制机构的意见确定相应的合理费用标准。

辅助器具的更换周期和赔偿期限参照配制机构的意见确定。

第二十七条 丧葬费按照受诉法院所在地上一年度职工月平均工资标准，以六个月总额计算。

第二十八条 被扶养人生活费根据扶养人丧失劳动能力程度，按照受诉法院所在地上一年度城镇居民人均消费性支出和农村居民人均年生活消费支出标准计算。被扶养人为未成年人的，计算至十八周岁；被扶养人无劳动能力又无其他生活来源的，计算二十年。但六十周岁以上的，年龄每增加一岁减少一年；七十五周岁以上的，按五年计算。

被扶养人是指受害人依法应当承担扶养义务的未成年人或者丧失劳动能力又无其他生活来源的成年近亲属。被扶养人还有其他扶养人的，赔偿义务人只赔偿受害人依法应当负担的部分。被扶养人有数人的，年赔偿总额累计不超过上一年度城镇居民人均消费性支出额或者农村居民人均年生活消费支出额。

第二十九条 死亡赔偿金按照受诉法院所在地上一年度城镇居民人均可支配收入或者农村居民人均纯收入标准，按二十年计算。但六十周岁以上的，年龄每增加一岁减少一年；七十五周岁以上的，按五年计算。

第三十条 赔偿权利人举证证明其住所地或者经常居住地城镇居民人均可支配收入或者农村居民人均纯收入高于受诉法院所在地标准的，残疾赔偿金或者死亡赔偿金可以按照其住所地或者经常居住地的相关标准计算。

被扶养人生活费的相关计算标准，依照前款原则确定。

第三十一条 人民法院应当按照民法通则第一百三十一条以及本解释第二条的规定，确定第十九条至第二十九条各项财产损失的实际赔偿金额。

前款确定的物质损害赔偿金与按照第十八条第一款规定确定的精神损害抚慰金，原则上应当一次性给付。

第三十二条 超过确定的护理期限、辅助器具费给付年限或者残疾赔偿金给付年限，赔偿权利人向人民法院起诉请求继续给付护理费、辅助器具费或者残疾赔偿金的，人民法院应予受理。赔偿权利人确需继续护理、配制辅助器具，或者没有劳动能力和生活来源的，人民法院应当判令赔偿义务人继续给付相关费用五至十年。

第三十三条 赔偿义务人请求以定期金方式给付残疾赔偿金、被扶养人生活费、残疾辅助器具费的，应当提供相应的担保。人民法院可以根据赔偿义务人的给付能力和提供担保的情况，确定以定期金方式给付相关费用。但一审法庭辩论终结前已经发生的费用、死亡赔偿金以及精神损害抚慰金，应当一次性给付。

第三十四条 人民法院应当在法律文书中明确定期金的给付时间、方式以及每期给付标准。执行期间有关统计数据发生变化的，给付金额应当适时进行相应调整。

定期金按照赔偿权利人的实际生存年限给付，不受本解释有关赔偿期限的限制。

第三十五条 本解释所称“城镇居民人均可支配收入”、“农村居民人均纯收入”、“城镇居民人均消费性支出”、“农村居民人均年生活消费支出”、“职工平均工资”，按照政府统计部门公布的各省、自治区、直辖市以及经济特区和计划单列市上一年度相关统计数据确定。

“上一年度”，是指一审法庭辩论终结时的上一统计年度。

第三十六条 本解释自2004年5月1日起施行。2004年5月1日后新受理的一审人身损害赔偿案件，适用本解释的规定。已经作出生效裁判的人身损害赔偿案件依法再审的，不适用本解释的规定。

在本解释公布施行之前已经生效施行的司法解释，其内容与本解释不一致的，以本解释为准。

最高人民法院关于民事诉讼证据的若干规定（节录）

（法释〔2001〕33号）

为保证人民法院正确认定案件事实，公正、及时审理民事案件，保障和便利当事人依法行使诉讼权利，根据《中华人民共和国民事诉讼法》（以下简称《民事诉讼法》）等有关法律的规定，结合民事审判经验和实际情况，制定本规定。

一、当事人举证

第四条　下列侵权诉讼，按照以下规定承担举证责任：

（一）因新产品制造方法发明专利引起的专利侵权诉讼，由制造同样产品的单位或者个人对其产品制造方法不同于专利方法承担举证责任；

（二）高度危险作业致人损害的侵权诉讼，由加害人就受害人故意造成损害的事实承担举证责任；

（三）因环境污染引起的损害赔偿诉讼，由加害人就法律规定的免责事由及其行为与损害结果之间不存在因果关系承担举证责任；

（四）建筑物或者其他设施以及建筑物上的搁置物、悬挂物发生倒塌、脱落、坠落致人损害的侵权诉讼，由所有人或者管理人对其无过错承担举证责任；

（五）饲养动物致人损害的侵权诉讼，由动物饲养人或者管理人就受害人有过错或者第三人有过错承担举证责任；

（六）因缺陷产品致人损害的侵权诉讼，由产品的生产者就法律规定的免责事由承担举证责任；

（七）因共同危险行为致人损害的侵权诉讼，由实施危险行为的人就其行为与损害结果之间不存在因果关系承担举证责任；

（八）因医疗行为引起的侵权诉讼，由医疗机构就医疗行为与损害结果之间不存在因果关系及不存在医疗过错承担举证责任。

有关法律对侵权诉讼的举证责任有特殊规定的，从其规定。

二、人民法院调查收集证据

第十五条 《民事诉讼法》第六十四条规定的“人民法院认为审理案件需要的证据”，是指以下情形：

（一）涉及可能有损国家利益、社会公共利益或者他人合法权益的事实；

（二）涉及依职权追加当事人、中止诉讼、终结诉讼、回避等与实体争议无关的程序事项。

第十六条 除本规定第十五条规定的情形外，人民法院调查收集证据，应当依当事人的申请进行。

第十七条 符合下列条件之一的，当事人及其诉讼代理人可以申请人民法院调查收集证据：

（一）申请调查收集的证据属于国家有关部门保存并须人民法院依职权调取的档案材料；

（二）涉及国家秘密、商业秘密、个人隐私的材料；

（三）当事人及其诉讼代理人确因客观原因不能自行收集的其他材料。

第十八条 当事人及其诉讼代理人申请人民法院调查收集证据，应当提交书面申请。申请书应当载明被调查人的姓名或者单位名称、住所地等基本情况、所要调查收集的证据的内容、需要由人民法院调查收集证据的原因及其要证明的事实。

第十九条 当事人及其诉讼代理人申请人民法院调查收集证据，不得迟于举证期限届满前七日。

人民法院对当事人及其诉讼代理人的申请不予准许的，应当向当事人或其诉讼代理人送达通知书。当事人及其诉讼代理人可以在收到通知书的次日起三日内向受理申请的人民法院书面申请复议一次。人民法院应当在收到复议申请之日起五日内作出答复。

第二十条 调查人员调查收集的书证，可以是原件，也可以是经核对无误的副本或者复制件。是副本或者复制件的，应当在调查笔录中说明来源和取证情况。

第二十一条 调查人员调查收集的物证应当是原物。被调查人提供原物确有困难的，可以提供复制品或者照片。提供复制品或者照片的，应当在调查笔录中说明取证情况。

第二十二条 调查人员调查收集计算机数据或者录音、录像等视听资料的，应当要求被调查人提供有关资料的原始载体。提供原始载体确有困难的，可以提供复制件。提供复制件的，调查人员应当在调查笔录中说明其来源和制作经过。

第二十三条 当事人依据《民事诉讼法》第七十四条的规定向人民法院申请保全证据，不得迟于举证期限届满前七日。

当事人申请保全证据的，人民法院可以要求其提供相应的担保。

法律、司法解释规定诉前保全证据的，依照其规定办理。

第二十四条 人民法院进行证据保全，可以根据具体情况，采取查封、扣押、拍照、录音、录像、复制、鉴定、勘验、制作笔录等方法。

人民法院进行证据保全，可以要求当事人或者诉讼代理人到场。

第二十五条 当事人申请鉴定，应当在举证期限内提出。符合本规定第二十七条规定的情形，当事人申请重新鉴定的除外。

对需要鉴定的事项负有举证责任的当事人，在人民法院指定的期限内无正当理由不提出鉴定申请或者不预交鉴定费用或者拒不提供相关材料，致使对案件争议的事实无法通过鉴定结论予以认定的，应当对该事实承担举证不能的法律后果。

第二十六条 当事人申请鉴定经人民法院同意后，由双方当事人协商确定有鉴定资格的鉴定机构、鉴定人员，协商不成的，由人民法院指定。

第二十七条 当事人对人民法院委托的鉴定部门作出的鉴定结论有异议申请重新鉴定，提出证据证明存在下列情形之一的，人民法院应予准许：

（一）鉴定机构或者鉴定人员不具备相关的鉴定资格的；

（二）鉴定程序严重违法的；

（三）鉴定结论明显依据不足的；

（四）经过质证认定不能作为证据使用的其他情形。

对有缺陷的鉴定结论，可以通过补充鉴定、重新质证或者补充质证等方法解决的，不予重新鉴定。

第二十八条 一方当事人自行委托有关部门作出的鉴定结论，另一方当事人有证据足以反驳并申请重新鉴定的，人民法院应予准许。

第二十九条 审判人员对鉴定人出具的鉴定书，应当审查是否具有下列内容：

（一）委托人姓名或者名称、委托鉴定的内容；

（二）委托鉴定的材料；

（三）鉴定的依据及使用的科学技术手段；

（四）对鉴定过程的说明；

（五）明确的鉴定结论；

（六）对鉴定人鉴定资格的说明；

（七）鉴定人员及鉴定机构签名盖章。

第三十条 人民法院勘验物证或者现场，应当制作笔录，记录勘验的时间、地点、勘验人、在场人、勘验的经过、结果，由勘验人、在场人签名或者盖章。对于绘制的现场图应当注明绘制的时间、方位、测绘人姓名、身份等内容。

第三十一条 摘录有关单位制作的与案件事实相关的文件、材料，应当注明出处，并加盖制作单位或者保管单位的印章，摘录人和其他调查人员应当在摘录件上签名或者盖章。

摘录文件、材料应当保持内容相应的完整性，不得断章取义。

四、质证

第四十七条 证据应当在法庭上出示，由当事人质证。未经质证的证据，不能作为认定案件事实的依据。

当事人在证据交换过程中认可并记录在卷的证据，经审判人员在庭审中说明后，可以作为认定案件事实的依据。

第四十八条 涉及国家秘密、商业秘密和个人隐私或者法律规定的其他应当保密的证据，不得在开庭时公开质证。

第四十九条 对书证、物证、视听资料进行质证时，当事人有权要求出示证据的原件或者原物。但有下列情况之一的除外：

（一）出示原件或者原物确有困难并经人民法院准许出示复制件或者复制品的；

（二）原件或者原物已不存在，但有证据证明复制件、复制品与原件或原物一致的。

第五十条 质证时，当事人应当围绕证据的真实性、关联性、合法性，针对证据证明力有无以及证明力大小，进行质疑、说明与辩驳。

第五十一条 质证按下列顺序进行：

（一）原告出示证据，被告、第三人与原告进行质证；

（二）被告出示证据，原告、第三人与被告进行质证；

（三）第三人出示证据，原告、被告与第三人进行质证。

人民法院依照当事人申请调查收集的证据，作为提出申请的一方当事人提供的证据。

人民法院依照职权调查收集的证据应当在庭审时出示，听取当事人意见，并可就调查收集该证据的情况予以说明。

第五十二条 案件有两个以上独立的诉讼请求的，当事人可以逐个出示证据进行质证。

第五十三条 不能正确表达意志的人，不能作为证人。

待证事实与其年龄、智力状况或者精神健康状况相适应的无民事行为能力人和限制民事行为能力人，可以作为证人。

第五十四条 当事人申请证人出庭作证，应当在举证期限届满十日前提出，并经人民法院许可。

人民法院对当事人的申请予以准许的，应当在开庭审理前通知证人出庭作证，并告知其应当如实作证及作伪证的法律后果。

证人因出庭作证而支出的合理费用，由提供证人的一方当事人先行支付，由败诉一方当事人承担。

第五十五条 证人应当出庭作证，接受当事人的质询。

证人在人民法院组织双方当事人交换证据时出席陈述证言的，可视为出庭作证。

第五十六条 《民事诉讼法》第七十条规定的“证人确有困难不能出庭”，是指有下列情形：

（一）年迈体弱或者行动不便无法出庭的；

（二）特殊岗位确实无法离开的；

（三）路途特别遥远，交通不便难以出庭的；

（四）因自然灾害等不可抗力的原因无法出庭的；

（五）其他无法出庭的特殊情况。

前款情形，经人民法院许可，证人可以提交书面证言或者视听资料或者通过双向视听传输技术手段作证。

第五十七条 出庭作证的证人应当客观陈述其亲身感知的事实。证人为聋哑人的，可以其他表达方式作证。

证人作证时，不得使用猜测、推断或者评论性的语言。

第五十八条 审判人员和当事人可以对证人进行询问。证人不得旁听法庭审理；询问证人时，其他证人不得在场。人民法院认为有必要的，可以让证人进行对质。

第五十九条 鉴定人应当出庭接受当事人质询。

鉴定人确因特殊原因无法出庭的，经人民法院准许，可以书面答复当事人的质询。

第六十条 经法庭许可，当事人可以向证人、鉴定人、勘验人发问。

询问证人、鉴定人、勘验人不得使用威胁、侮辱及不适当引导证人的言语和方式。

第六十一条 当事人可以向人民法院申请由一至二名具有专门知识的人员出庭就案件的专门性问题进行说明。人民法院准许其申请的，有关费用由提出申请的当事人负担。

审判人员和当事人可以对出庭的具有专门知识的人员进行

询问。

经人民法院准许，可以由当事人各自申请的具有专门知识的人员就有案件中的问题进行对质。

具有专门知识的人员可以对鉴定人进行询问。

第六十二条 法庭应当将当事人的质证情况记入笔录，并由当事人核对后签名或者盖章。

全国人民代表大会常务委员会关于司法鉴定管理问题的决定

（2005年2月28日第十届全国人民代表大会常务委员会第十四次会议通过）

为了加强对鉴定人和鉴定机构的管理，适应司法机关和公民、组织进行诉讼的需要，保障诉讼活动的顺利进行，特作如下决定：

一、司法鉴定是指在诉讼活动中鉴定人运用科学技术或者专门知识对诉讼涉及的专门性问题进行鉴别和判断并提供鉴定意见的活动。

二、国家对从事下列司法鉴定业务的鉴定人和鉴定机构实行登记管理制度：

（一）法医类鉴定；

（二）物证类鉴定；

（三）声像资料鉴定；

（四）根据诉讼需要由国务院司法行政部门商最高人民法院、最高人民检察院确定的其他应当对鉴定人和鉴定机构实行登记管理的鉴定事项。

法律对前款规定事项的鉴定人和鉴定机构的管理另有规定的，从其规定。

三、国务院司法行政部门主管全国鉴定人和鉴定机构的登记管理工作。省级人民政府司法行政部门依照本决定的规定，负责对鉴定人和鉴定机构的登记、名册编制和公告。

四、具备下列条件之一的人员，可以申请登记从事司法鉴定业务：

（一）具有与所申请从事的司法鉴定业务相关的高级专业技术职称；

（二）具有与所申请从事的司法鉴定业务相关的专业执业资格或者高等院校相关专业本科以上学历，从事相关工作五年以上；

（三）具有与所申请从事的司法鉴定业务相关工作十年以上经历，具有较强的专业技能。

因故意犯罪或者职务过失犯罪受过刑事处罚的，受过开除公职处分的，以及被撤销鉴定人登记的人员，不得从事司法鉴定业务。

五、法人或者其他组织申请从事司法鉴定业务的，应当具备下列条件：

（一）有明确的业务范围；

（二）有在业务范围内进行司法鉴定所必需的仪器、设备；

（三）有在业务范围内进行司法鉴定所必需的依法通过计量认证或者实验室认可的检测实验室；

（四）每项司法鉴定业务有三名以上鉴定人。

六、申请从事司法鉴定业务的个人、法人或者其他组织，由省级人民政府司法行政部门审核，对符合条件的予以登记，编入鉴定人和鉴定机构名册并公告。

省级人民政府司法行政部门应当根据鉴定人或者鉴定机构的增加和撤销登记情况，定期更新所编制的鉴定人和鉴定机构名册并公告。

七、侦查机关根据侦查工作的需要设立的鉴定机构，不得面向社会接受委托从事司法鉴定业务。

人民法院和司法行政部门不得设立鉴定机构。

八、各鉴定机构之间没有隶属关系；鉴定机构接受委托从事司法鉴定业务，不受地域范围的限制。

鉴定人应当在一个鉴定机构中从事司法鉴定业务。

九、在诉讼中，对本决定第二条所规定的鉴定事项发生争议，需要鉴定的，应当委托列入鉴定人名册的鉴定人进行鉴定。鉴定人从事司法鉴定业务，由所在的鉴定机构统一接受委托。

鉴定人和鉴定机构应当在鉴定人和鉴定机构名册注明的业务范围内从事司法鉴定业务。

鉴定人应当依照诉讼法律规定实行回避。

十、司法鉴定实行鉴定人负责制度。鉴定人应当独立进行鉴定，对鉴定意见负责并在鉴定书上签名或者盖章。多人参加的鉴定，对鉴定意见有不同意见的，应当注明。

十一、在诉讼中，当事人对鉴定意见有异议的，经人民法院依法通知，鉴定人应当出庭作证。

十二、鉴定人和鉴定机构从事司法鉴定业务，应当遵守法律、法规，遵守职业道德和职业纪律，尊重科学，遵守技术操作规范。

十三、鉴定人或者鉴定机构有违反本决定规定行为的，由省级人民政府司法行政部门予以警告，责令改正。

鉴定人或者鉴定机构有下列情形之一的，由省级人民政府司法行政部门给予停止从事司法鉴定业务三个月以上一年以下的处罚；情节严重的，撤销登记：

（一）因严重不负责任给当事人合法权益造成重大损失的；

（二）提供虚假证明文件或者采取其他欺诈手段，骗取登记的；

（三）经人民法院依法通知，拒绝出庭作证的；

（四）法律、行政法规规定的其他情形。

鉴定人故意作虚假鉴定，构成犯罪的，依法追究刑事责任；尚不构成犯罪的，依照前款规定处罚。

十四、司法行政部门在鉴定人和鉴定机构的登记管理工作中，应当严格依法办事，积极推进司法鉴定的规范化、法制化。对于滥用职权、玩忽职守，造成严重后果的直接责任人员，应当追究相应的法律责任。

十五、司法鉴定的收费项目和收费标准由国务院司法行政部门商国务院价格主管部门确定。

十六、对鉴定人和鉴定机构进行登记、名册编制和公告的具体办法，由国务院司法行政部门制定，报国务院批准。

十七、本决定下列用语的含义是：

（一）法医类鉴定，包括法医病理鉴定、法医临床鉴定、法医精神病鉴定、法医物证鉴定和法医毒物鉴定。

（二）物证类鉴定，包括文书鉴定、痕迹鉴定和微量鉴定。

（三）声像资料鉴定，包括对录音带、录像带、磁盘、光盘、图片等载体上记录的声音、图像信息的真实性、完整性及其所反映的情况过程进行的鉴定和对记录的声音、图像中的语言、人体、物体作出种类或者同一认定。

十八、本决定自 2005 年 10 月 1 日起施行。

参考文献

1. 杜治政. 人文社会医学的兴起及其历史任务. 医学与哲学. 1997, 18 (10), 509 ~ 511
2. 张大庆. 论医学人文精神. 山西大学学报. 2003, 26 (4), 21 ~ 23
3. 邓蕊. 放弃独白　构建对话. 见: 中国医学人文教育. 北京: 北京大学医学出版社, 2006, 114 ~ 117
4. 刘秉勋译. 世界医学教育会议报告. 医学教育. 1990. 5, 5 ~ 8
5. 张肇达, 周同甫主编. 全球医学教育最低基本要求. 北京: 高等教育出版社, 2002, 11 ~ 12
6. 邢哲斌. 医源性疾病学. 北京: 北京科学技术出版社, 1996
7. 李伟俊. 医疗行为与人文精神. 北京: 北京科学技术出版社, 2003
8. 马文元主编. 医患双方的权益. 北京: 科学出版社出版, 2005, 29
9. 张素初主编. 防范医疗事故与纠纷——写给医生 (第 2 集), 北京: 人民卫生出版社, 2006
10. 卫生部、国家中医药管理局 2002 年国发 (2002) 190 号文件—“病历书写基本规范 (试行)”
11. 刘鑫, 刘爱民. 病历规范化写与举证. 北京: 华夏出版社, 2002
12. 张宝珠, 刘鑫. 医学告知与维权指南. 北京: 人民军医出版社, 2004

后　记

在北京医学教育协会医疗纠纷协调中心全体人员的努力下，本书出版了。

编者们多是临床专家，虽然具有丰富的临床经验，但以弘扬人文精神，防范医疗纠纷为主题编书还是首次。尝试之作，难免有失当之处，衷心希望读者给予批评指正。

邓小虹副局长，作为北京市卫生局推动医疗责任险实施的主管领导，对医疗纠纷协调中心的建设及其功能有明确的意见，并亲自来我中心指导工作，使我们全体人员深受鼓舞。两年多来，专家们按照邓副局长的指示在自己的工作领域中“精耕细作”，这也是本书之所成的直接原因。我们对邓副局长深表敬意和感谢。

太平保险有限公司北京分公司对本书的编写一直十分关注，大力支持，在此表示衷心感谢。

本书从酝酿到成稿得到了中国协和医科大学出版社社长袁钟博士的支持和鼓励，他对书中部分内容及其写法都提出过指导性意见，对此我们深表谢意。

编　者

2007年4月